高职学生德育教育发展研究

吴志强　著

云南出版集团

云南美术出版社

图书在版编目（CIP）数据

高职学生德育教育发展研究／吴志强著. — 昆明：
云南美术出版社，2023.4
　ISBN 978 - 7 - 5489 - 5268 - 8

　Ⅰ . ①高… Ⅱ . ①吴… Ⅲ . ①德育 - 教学研究 - 高等
职业教育 Ⅳ . ①G711

中国国家版本馆 CIP 数据核字（2023）第 061014 号

责任编辑：梁　媛　刁正勇
责任校对：洪　娜　邓　超　李　平
装帧设计：刘慧敏
封面设计：寓　羽

高职学生德育教育发展研究

吴志强　著

出版发行：云南出版集团
　　　　　云南美术出版社（昆明市环城西路 609 号）
制版印刷：昆明德厚印刷包装有限公司
开　　本：787mm×1092mm　　1/16
印　　张：7.25
字　　数：250 千字
版　　次：2023 年 4 月第 1 版
印　　次：2023 年 4 月第 1 次印刷
书　　号：ISBN 978 - 7 - 5489 - 5268 - 8
定　　价：45.00 元

前　言

　　教育是国计，亦是民生。高职教育作为高等教育的一个重要组成部分，其快速发展有效地推进了高等教育的大众化进程，这在一定程度上满足了广大学生多样化的学习需求，培养了一大批实用型技能人才。在新形势下，高职院校要坚持以办人民满意的教育为根本目标和历史使命，走特色化发展之路，落实立德树人的根本任务，弘扬优秀文化精神，不断提高教育水平，服务地方经济，促进社会发展，不负学子、家长和社会的重托。

　　本书从高职院校德育理论基础入手，介绍了高职院校德育课程开发、高职院校育人教育与高职院校学生心理及创业教育，然后在此基础上，对高职院校德育教育生态和高职院校德育教育审美化展开论述，最后结合传统文化，深入探讨了传统文化与高职院校德育教育的融合。希望通过本书的介绍，能够为读者提供有关高职学生德育教育发展研究方面的帮助。

　　本书在写作过程中，笔者参阅了相关文献资料，在此，谨向其作者深表谢忱。

　　由于水平有限，疏漏和缺点在所难免，希望得到广大读者的批评指正，并衷心希望同行不吝赐教。

著　者

2022 年 12 月

目　录

第一章　高职院校德育理论基础

第一节　高职院校德育的内涵和意义

一、德育的内涵

"德育"是近代才出现的概念和名词。德国哲学家康德在十八世纪八十年代，把遵从道德法则培养自由人的教育称为"德育"。十九世纪六十年代英国学者斯宾塞，使"智育""德育""体育"逐渐成为教育界的基本概念和常用术语。"德育"一词于二十世纪初传入我国。王国维曾介绍叔本华的"德育"与"知（智）育""美育"思想；又将"德育""智育""美育"合称为"心育"，与"体育"相提并论，提出身心和谐的教育宗旨。蔡元培曾主张"军国民教育""实利主义教育""公民道德教育""世界观教育""美感教育"等五育并举；在其影响之下，那时的国民政府颁布了"注重道德教育，以实利主义教育、军国民教育辅之，更以美感教育完成其道德"的教育宗旨。"德育"一词从此成为我国教育界通用的术语。

二十世纪八十年代以来，国家高度重视高等学校的德育工作。相关文件指出：要坚持育人为本，德育为先，把人才培养作为根本任务，把思想政治摆在各项工作的重要位置，具有重大意义。加强和改进大学生思想教育是一项重大而紧迫的任务，国家提出了加强和改进大学生思想教育所应遵循的指导思想、基本原则，以及加强改进大学生思想教育的主要任务，提出要做好以下几项工作：充分发挥课堂教学在大学生思想教育中的主导作用，努力拓展新形势下大学生思想教育的有效途径，充分发挥党团组织在大学生思想教育中的重要作用，大力加强大学生思想教育工作队伍建设，努力营造大学生思想教育工作的良好社会环境，切实加强大学生思想教育工作的开展。

二、德育的意义

学校教育要坚持育人为本，德育为先，把人才培养作为根本任务，把思想教育摆在首要位置，主要意义有以下两个方面。

（一）德育是发展教育的主要动力

在德智体全面发展的问题上，有人总结说，学生的智育不合格是"次品"，体育不合格是"废品"，而德育不合格则是"危险品"。它生动形象地阐述了德智体三个方面的关系。就育人来讲，三者是相互关联、相互依存、相互渗透、相互制约、相互促进、不可分割的统一整体。

根据辩证唯物主义的观点，构成矛盾统一体的各方，其地位和作用是有主次之别的。如果没有这种明确的区分，就不可能弄清事物的性质，把握事物的本质。依据这一理论，在全面发展教育过程中构成的矛盾统一体中，能够体现其性质、本质的，只能是德育。因为，德育所要解决的是学生社会意识的问题，即政治立场、思想观点、行为规范等方面的问题。具体来说，是解决学生为谁而学，学成后为谁服务的问题。高职院校培养的是能够坚持正确的政治方向，拥护领导，愿为祖国献身的高级专门人才。要完成这一任务，只有依靠德育。

（二）德育是高等教育的中心工作

当前，以"教学为中心"的思想被各类高职院校充分重视并贯彻实施，"以教学为中心"无疑是正确的，它与德育不但不矛盾，而且是相辅相成的，缺一不可。

教学包括德育。现代教育理论认为，教学应该着眼于学生的全面发展，培养全面和谐发展的个性。著名教学论专家指出，教学的主要任务是"既在掌握知识和技能技巧方面达到高质量，又在学生的发展上取得重大进步"。也就是说，教学并非只是传授业务知识，片面地着眼于智力，而应当把教学看作是落实教育方针的主要途径。教学过程中应当包括德育、智育和体育，而且，德育还应该是教学的一项主要内容和中心工作。

德育在教学中起主导作用。在整个教学过程中，德育以其方向性贯穿于其他诸项教育之中。它不仅对智育起着主导作用，同样在体育中也起着主导作用。如果离开了德育，整个教学过程就很难顺利进行，这已是被实践反复证明了的。

第二节　高职院校德育创新的理论基础和原则

实践基础上的理论创新，是社会发展和变革的先导。通过理论创新推动制度创新、科技创新、文化创新，以及其他各方面的创新，不断在实践中前进，永不自满，永不懈怠。这是我们要长期坚持的创新原则。新时期高职院校德育创新工作的开展，必须要有坚实的理论基础为指导。

一、新时期高职院校德育创新的理论基础

（一）传统文化中的德育思想

传统文化是历经上千年的社会变革和发展而形成的一种思想和知识系统，传统文化追求人与自然的和谐、人与人的和谐，把天、地、人看作统一的整体，以"人与天地万物为一体"为最高境界。传统文化是以伦理观念、伦理道德修养及治国安邦之术为核心的。其内涵和特征主要有四：突出伦理本位，倾心现实社会，宣扬主体意识主要包括认识的主体性、道德的主体性和生活的主体性，强调整体观念。

我们正处在社会发展的转型时期。一方面，经济发展使社会生产方式、生活方式发生转变；另一方面，随着信息网络技术的发展，世界正走向知识经济时代。社会与时代的发展变化必然要求教育与时俱进，培养适应社会转型需要的人才。德育是培育

社会精神和人才思想意识的工作，无疑需要体现先进性与发展性，需要改革和创新。但是，它的改革创新必须用新的理念做指导，对传统的理念进行扬弃和超越。

以人为本的发展观，是体现社会性质与价值取向的社会理念，与其一致，德育必须坚持和弘扬"以人为本"的理念。以人为本，就是要把人民的利益作为一切工作的出发点和落脚点，不断满足人们的多方面需求和促进人的全面发展。有人说过，任何一种解放都是把人的世界和人的关系还给人自己，这是以人为本的根本。以人为本，说到底，就是解放人，使人的潜能得到主动、全面、充分的发挥。因此，以人为本，是做好德育工作的基础和前提。坚持以人为本，就要求我们在德育的过程中，做到尊重学生、理解学生、关心学生和信任学生。注重学生个性发展和全面发展的统一，注重学生创造性人格和健康人格的统一，注重学生"学会"和"会学"的统一，促进学生全面发展。

（二）系统科学理论中的德育思想

系统科学是研究事物整体联系和运动发展规律的科学，其中有关德育的表述有三个方面：

第一，任何一个事物的存在都表现为一个系统。系统是由事物内部互相联系、互相作用、互相依赖和影响的若干部分组成的有机整体。整体性是系统的一个本质属性。系统总是处在赖以生存和发展的环境之中，并不断同环境进行物质、能量和信息的交换。在德育这个系统中，包含着三个最基本的因素：即教育者、受教育者、教育过程。其相互联系，互相影响，十分密切。加强高职德育创新，必须从整体性大背景的变化出发，树立战略意识、时代意识。从整体观念和密切联系的思想出发，明确调控目标，使各系统整合成一种合力，形成上下连接、左右贯通、立体交叉的德育网络。高职德育工作量大面广，组织过程耗时耗力，没有有效的调控机制，就可能导致无序无效。因此，实现德育效果的最大化，不仅需要校内各种教育资源的整合，还需要学校、社会和家庭加强联系，相互协调，从整体上优化育人环境。

第二，系统内部各要素具有层次性和等级性，系统的不同层次有着不同的规律。德育的层次性取决于德育对象的层次性，要提升德育效果，必须把握层次性要求，树立德育对象主体性观念，加强针对性工作。研究德育对象的层次性，要注重学生全面发展和理想人格塑造的序列性，在学生学习过程的不同阶段、不同时机、不同环节，实施不同的教育内容，采取不同的方式、手段，满足学生不断增长的需要，分层次有重点，由低到高，由浅入深，形成循序渐进的全面教育格局，使实践随着教育理论的发展向更高层次迈进。

第三，结构性系统功能的发挥，不仅取决于组成该系统的各个部分本身，而且取决于各个部分的结构形式，系统的总功能不是各个组成部分功能的简单叠加，而是各个部分功能的有机结合。这一理论要求我们要立足于从要素、结构、功能与所处环境的相互联系和制约关系中，分析系统中各要素的结构功能，有意识、有目的地使系统内部各要素达到最佳建构和配置，以获得系统形式结构最优和功能最优的整体效果。因此，要做好几个方面的工作：高职、社会与家庭之间的沟通、合作与融合。高职内部各个工作部门、各个岗位之间的协调与有机结合。高职德育工作中的目标、内容、途径、方法、管理和评价等因素合理配置，整体联动，构建一个和谐的德育教育系统。

二、新时期高职院校德育创新的原则

（一）主体性原则

所谓主体性原则，就是指在高职德育工作过程中，始终将大学生置于主体地位，始终把大学生看成是德育活动的主体，注重培育和造就大学生的主体性。

第一，把学生作为学校教育的价值主体，确立学生在高职德育中的主体地位。转变将学生仅仅作为教育和管理对象的现象，坚持以学生为根本，以学生为核心，以学生为目的。尊重学生，理解学生，关爱学生，把促进学生的成长、成才作为高职德育的根本价值取向。

第二，把学生作为学校教育的动力主体，激发学生自我教育的积极性。转变过多地强调教育管理工作者的主导责任，而对学生的主体作用和自我教育重视不够的现象，致力于唤醒学生的主体意识，激发学生的主体热情，调动学生的主体积极性。在课堂教学、校园文化、社团活动、社会实践等环节中，更加充分地发挥学生的主体作用。

第三，把学生作为学校教育的权利主体，切实维护其合法权益。转变重管理、重视对学生的义务要求，而轻服务、忽视学生权益维护的现象，高度重视学生所应具有的受教育权和其他权利，使高职德育的过程，成为尊重和维护学生合法权益的过程，成为服务学生成长成才和全面发展的过程。

第四，把学生作为学校教育的发展主体，促进学生的全面发展。转变重知识轻素质、重灌输轻发展的现象，构建科学与人文相统一的素质结构，社会化与个性化相统一的人格结构，促进学生全面素质的和谐发展。

（二）开放性原则

所谓开放性原则，是指高职德育创新必须彻底打破传统的封闭模式。在德育的目标、内容和方法等方面实行全方位开放，把学生从以往的束缚中彻底解放出来，使他们在开放式德育过程中，处于自主、自觉、自愿的状态去接受、思考、判断和分析。

1.德育目标要体现开放性

德育目标是高职德育的方向，决定了德育内容、目标和方法等的选择，在德育工作中始终起着主导性和规范性的作用。梳理一些国家高职院校的德育目标，可以从中发现，开放性是他们德育目标的共同特色。

有关德育目标的具体描述主要包括：使学生努力学习，逐步树立科学世界观、方法论；走与实践相结合，与社会相结合的道路；努力为人民服务，具有艰苦奋斗的精神和强烈的使命感、责任感；自觉遵纪守法，具有良好的道德品质和健康的心理素质；勤奋学习，勇于探索，努力掌握现代科学文化知识，并从中培养一批先进分子。

注重开放性和个性培养，是很多国家德育目标的主要价值取向。他们强调在开放中培养学生健全的人格，发展学生个性，在轻松活泼的氛围中让学生自觉接受德育教育。

2. 德育内容要注重开放性

学生的道德发展是一个持续的、有内在规律的过程。因此，德育内容的开放性，应遵循学生道德发展的规律，充分考虑学生理解和接受的能力，根据时代发展和社会变化而不断丰富和更新。

首先，把道德教育内容的价值准则和规范系统向学生开放，让学生独立思考，理性选择。

其次，灵活使用不同的德育理论和教学资料。在遵循国家德育统一目标的原则下，根据本地和学生的实际，引进和吸纳一些优秀的德育理论和经验，开阔学生视野，增加对世界德育发展趋势的了解。

再次，德育内容应贴近实际生活。学校应根据学生实际，定期进行一些形势教育、政策教育、法纪教育、公德教育、健康教育、环保教育，等等。这些德育内容鲜活丰富，与实际生活密切相关，学生容易理解且乐意接受。

3. 德育手段要展现开放性

充分运用现代科技手段，展现德育课堂教学的开放性。如用计算机模拟一些在实际生活中涉及道德问题的个案，再组织学生进行分析、处理。用新媒体教学再现历史画面和生活情境，让学生身临其境，真切体验，增加感性认识，使开放中的德育课堂变得生动活泼、丰富多彩，提高德育课堂的教学效果。

（三）实践性原则

所谓实践性，是指高职德育创新应在开放的基础上，通过师生互动和活动体验，使德育过程成为激发学生道德思维和创造的过程，在动态中实现德育教育的内化、提升。

1. 德育课堂要贯穿实践性

德育课堂的实践性就是培养学生分析问题和解决问题的能力，使实践的过程成为学生道德自我完善和成熟的过程。为突出德育课堂的实践性，要彻底改变传统的观念，打破德育课堂固定、静态、纯理论的模式，将课堂融入现实生活，使德育课堂成为学生切实解决实际问题的平台。

首先，德育课堂的实践性，要突出教师与学生、学生与学生间的互动，在互动中交流、探讨、内化、提高。

其次，德育课堂的实践性，要突出学生动手、动脑能力的培养，使学生面对现实生活中的道德问题，能够从容地运用自己的经验去解决处理。

2. 德育活动要突出实践性

德育活动的实践性，应注重学生在活动中的亲身体验，强调学生通过实践活动获得直接经验。高职院校中具有德育作用和效果的活动不少。比如，新生军训、社会实践、希望工程，等等。这些活动可以按照现代德育理念进行科学设计、重点开发，突出活动中学生对事物的感性认识，充分调动学生的感觉器官与心灵的双向交流，把交流中获取的感觉、感知、感情通过思想的过滤、提炼，升华到理性认识，凝结成自己的道德修养。

（四）层次性原则

所谓层次性原则，是指高职德育工作要根据不同教育阶段大学生的年龄特征和思想品德水平，确定不同的教育方法、教育目标、教育内容和教育要求等，做到因人施教、因龄施教、因情施教。

1. 要因人确定德育工作目标

高职德育工作目标缺乏层次性，将有可能导致在教育学生时，德育工作的天平倾向少数大学生，热衷于抓尖子、抓典型，忽视甚至放弃了多数学生。在德育过程中重理论知识的灌输，轻道德体验、道德情感和道德意志的培养与塑造，轻行动的锻炼。高职德育工作要拟定一套基本的道德要求，努力分层次、有步骤地引导大学生从低向高、脚踏实地地从基本道德要求向较高道德追求迈进。

2. 要因人确定德育工作内容

大学生由于年龄和身心发展水平的差异，所能接受的德育内容层次的广度和深度也就不同。因此，高职德育工作要在具体要求、内容上必须与其相适应。极少数大学生存在厌学、心理障碍等等情况，如果内容的广度和深度脱离了其实际，即使内容正确无误，其结果必然是无效或者收效甚微。

3. 要因人确定德育工作方法

高职德育课教师必须认真研究大学生的个性特征，分清其应达到的道德水平，分清其因个体经验、阅历的不同而呈现出的不同道德成熟水平，对不同学生选择并实施不同的德育教育方法。

第二章　高职院校德育课程开发

第一节　高职院校德育课程的特点

一、高职院校德育课程目标

近年来，高职院校得到前所未有的快速发展，高职院校德育工作的理论研究也得到越来越多的关注。德育课程目标既是高职院校德育教育的出发点又是它的落脚点，它对高职学生道德素质的培养具有导向和保证作用。所以，对高职院校德育进行理性而全面地思考，确立适应社会和经济发展的高职院校德育课程目标，以充分发挥高职院校德育教育的社会功能和本体功能，对于高职院校德育课程的发展有着重要的意义。

（一）一般意义的课程目标

高职院校德育目标的确定要与社会要求、教育目标相统一，以教育方针为导向，对高职学生进行科学价值观的教育，以确保高职学生具备坚定的政治立场和正确的政治方向。从这个层面上来说，高职院校的德育课程目标可以贯彻高校德育课程教育的目标：对大学生进行以为人民服务为核心、以集体主义为原则的道德教育，培养大学生高尚的理想情操和良好的道德品质，引导和帮助大学生树立正确的人生观和价值观，做有理想、有道德、有文化、有纪律的建设者和接班人。

（二）具有高职特色的课程目标

高职院校教育是以能力为人才培养目标的，它要培养的是掌握本专业必备的专门知识和理论基础、生产建设的专门性及技术性人才。由于高职院校的培养目标与传统高校的差异，高职学生的德育目标与传统高校也有所不同。因此，除了贯彻传统高校德育课程目标外，高职院校的德育课程目标还应该增加一些符合自身特点的内容，具体从以下三个方面来进行培养。

第一，职业人培养的德育目标。在市场经济条件下，高职院校德育教育应该将学校人、社会人与职业人统一起来，高职院校德育课程目标的确定要体现高职院校的职业性特点，强调职业人培养的德育目标，加强职业道德教育方面的内容，培养出促进社会发展需要的好学生、好公民和好员工。

第二，职业道德素养培养的德育目标。除了培养优秀的职业人之外，高职院校还要注意培养学生的职业道德素养，培养具有爱岗敬业、谦虚好学的精神，具有适应能力，具有社会责任感的职业人。加强高职学生的职业道德教育，有助于提高高职学生对职业的认知，培养高职学生的职业情感，磨练其职业意志，使其树立崇高的职业理想，努力在今后做好自己的本职工作。高职院校的德育课程内容是以职业道德教育为主要内容，以诚实守信为重点，帮助高职学生掌握职业道德的基本规范，了解职业道德行为养成方法，最终促使其形成高尚的职业道德情操。

第三，实践意识培养的德育目标。高职院校德育具有实践性的特点，体现在高职院校德育课程目标方面，高职院校应该重视将学生的实践与德育联系起来，在整个高职院校的德育教育过程中要把职业道德规范教育贯穿其中，在实验、实习以及社会服务等社会实践环节中要加强德育教育，注重培养高职学生的职业行为及职业道德，加强心理承受能力、意志品质以及劳动观念教育，从而使学生养成求实、勇于开拓、严谨、勤于实践等良好的职业道德素养，最终培养出社会发展需要的高素质的应用型人才。

二、高职院校德育课程内容

在高职院校高速发展的今天，德育教育承担着培养具有良好职业道德素质和较高思想觉悟的人才的重任。高职院校的德育内容既需要结合高职学生实际情况，又需要符合社会需要和高职院校的德育目标，突出高职院校的职业性和社会性的特点，以更好地发挥高职院校的德育功能。我们需要根据德育发展的要求，在体现高职院校德育内容综合性的基础上，强调其职业性特点，以不断丰富高职院校的德育内容。

（一）以思想教育为基础

德育内容是德育目标的体现和具体化，高职院校的德育课程内容也应该贯彻高职院校德育课程的一般目标。通常高职德育课程内容是德育课程目标的具体化，根据教育目的、德育任务、当前形势及高职学生的品德水平需求，高职院校思想理论课的两门必修课是重要思想概论，思想道德修养与法律基础。思想教育是高职院校德育课程的基础内容，对高职学生进行系统的思想教育，有助于高职学生树立正确的人生观、世界观、价值观，确立坚定的政治立场；使高职学生牢记社会对自己的要求，能够明确自己肩负的社会责任，使其不管在什么职业岗位上能够始终践行科学价值观。通过相应德育课程内容的教育，提高高职学生的思想道德素质，把他们培养成符合社会发展需要的人才。

（二）以职业生涯规划教育为导向

职业生涯规划是指个人与组织结合，在对一个人职业生涯的主客观条件进行测定、分析、总结的基础上，对兴趣、爱好、能力、特点进行综合分析与权衡，并结合时代特点和被规划者的职业倾向，确定其最佳的职业奋斗目标，并为实现这一目标做出行之有效的安排。高职学生的职业生涯规划是指高职学生在教师和学校等的帮助下，在对环境因素进行分析和自我评估的基础上，结合对职业生涯的预期，对高职院校的生活、学习和工作进行科学合理的规划，并采取各种行动去实现职业生涯规划目标的一个积极过程。

职业生涯规划对高职院校学生具有重要的意义：首先，职业生涯规划有利于高职学生树立崇高的职业理想，提高职业的规划能力。高职学生从个人将来的职业发展角度考虑，对生活、学校和工作进行科学合理的安排，将个人的近期发展目标与长期发展目标有机结合起来，并详细规划，可以明确自己的职业目标。其次，职业生涯规划可以充分挖掘高职学生的自我潜能，增强就业信心。职业生涯规划教育既可以引导高职学生正确认识自己现有与潜在的优势，帮助高职学生树立起明确的职业理想和职业发展目标，又可以把职业生涯规划内化为促进自身职业生涯发展的动力，使高职学生明确自己的职业定位，增强高职学生求职与就业的信心。最后，职业生涯规划有助于提高高职学生的就业竞争力。对高职学生进行有针对性地、有目的职业生涯规划教育，帮助高职学生树立职业规划的理念，使其更加了解职业生活、了解社会；拓宽高职学生的视野，使之学会并掌握职业规划的技巧和方法，从而树立正确的择业观和就业观；提高其就业能力、创业能力和实践能力，增强其在就业方面的竞争力。

（三）以职业道德教育为主要内容

加强职业道德教育不仅是符合高职院校德育目标的要求，也是实现高职学生自身德育和谐发展和完善的重要途径，是引导高职学生学会真正做人的根本途径，可以使高职学生实现个人生存发展与社会需求的统一。高职学生的职业道德教育主要包括职业观念教育、职业精神教育、职业规范教育、职业纪律教育和职业情操教育五个方面，主要内容包括以下五条。

第一，以服务于第一线作为主要内容的职业观念教育。高职院校要把学生的就业观与职业观教育放在重要的位置，正确的就业观、职业观不仅可以为高职学生毕业后发挥所学专业技能奠定良好的思想基础，也可以引导和教育高职学生明确职业责任、培养职业精神、端正职业态度、树立服务于一线岗位的职业理想。

第二，以吃苦耐劳、艰苦创业作为主要内容的职业精神教育。高职院校要把培养学生吃苦耐劳、艰苦创业精神作为重要的德育内容，一方面发扬吃苦耐劳的光荣传统，另一方面也锻炼了高职学生的忍耐性和意志力，增强高职学生的抗挫折能力，激发高职学生拼搏创业的激情，为其顺利就业打下坚实的基础。

第三，以诚实守信、爱岗敬业为主要内容的职业规范教育。爱岗敬业是对从业人员职业行为的基本要求，诚实守信是职业道德的灵魂，高职院校要加强对学生爱岗敬业和诚实守信方面的教育，教导高职学生忠于职守、讲究诚信，让他们在今后能够珍惜、热爱自己的工作岗位。

第四，以遵纪守法、廉洁奉公为主要内容的职业纪律教育。职业纪律以规章制度的形式确定下来，它要求从业人员遵纪守法、廉洁奉公，是处理个人与社会、个人与集体利益关系的行为准则，是从业人员必备的道德品质和法律意识。因此，在高职院校的德育课程中应该加强遵纪守法、廉洁奉公方面的教育，加强高职学生对职业纪律的认识，增强高职学生的自我修养，从而引导他们把外在的职业纪律相关要求内化为自身的道德品质。

第五，以服务人民、奉献社会为主要内容的职业情操教育。服务人民是高职学生职业道德的核心精神，奉献社会是职业道德教育中的最高境界。在高职院校中引导和教育学生增加服务人民、奉献社会的观念，有助于高职学生形成高尚的人格和培养奉献的精神，使其在以后的职业生涯中全心全意为社会做贡献。

三、高职院校德育课程功能

以培养具备良好职业道德素养的技术型人才为目标和以职业道德教育为主要内容的高职院校德育课程，它主要是促进高职学生的职业道德发展。首先，它对高职学生的职业道德发展有着重要的导向作用，促使高职学生职业道德与社会要求一致；此外，它还具有培养功能，能够提升高职学生的职业道德水平。

（一）德育课程的导向功能

高职院校的德育课程对高职学生的职业道德发展有着重要的导向作用，主要表现在两方面：

首先，高职院校的德育课程按照社会和企业对人才品德的要求，对高职学生的协作精神、诚实守信和职业道德方面加强教育，对高职学生的职业观念教育、职业精神教育、职业规范教育、职业纪律教育和职业情操教育等方面形成强有力的影响，使高职学生产生较强的责任感、使命感和职业认同感，使其职业道德发展与社会要求相一致，进而完成其职业道德发展的进化过程。

其次，高职院校德育课程的导向功能是指在实施德育课程过程中，高职院校德育课程内容的安排、德育活动形式的设计等都受高职院校德育课程培养目标的影响。把高职学生培养成具有高尚职业道德的优秀人才是高职院校德育的重要目标，在这个目标的指引下，高职院校把社会和企业对人才的职业道德要求作为德育教育的出发点和归宿，并将其贯穿在德育课程的内容之中，实现市场与人才教育的接轨，使高职学生的职业道德发展与社会发展一致。同时，高职院校德育课程按照其德育目标的方向，关注学校、家庭及社会三方面的综合影响力，使学校的德育教育与社会、家庭的德育教育相配合，充分发挥高职院校德育的主导作用，形成巨大的德育教育合力，引导高职学生形成良好的职业道德素养，使他们成长为社会和企业发展所需要的人才，这在某种程度上也增强了高职学生职业道德发展的连贯性、一致性和有效性。

（二）德育课程的培养功能

高职院校德育课程具有培养功能，主要表现在四个方面：第一，高职院校的德育课程中包含了以爱岗敬业、诚实守信为主要内容的职业规范教育，高职院校要加强对学生的爱岗敬业与诚实守信方面的教育，教育高职学生忠于职守、讲究诚信，使其能够珍惜、热爱自己的工作岗位，这为其职业道德的发展奠定了良好的基础；第二，在高职院校的德育课程中，强调了服务于第一线作为主要内容的职业观念的教育，为高职学生树立正确的就业观、职业观奠定良好的基础，培养了高职学生的职业精神，使高职学生能够端正职业态度、树立服务于一线岗位的崇高职业理想；第三，高职院校的德育课程中加强廉洁奉公、遵纪守法方面的教育，这不仅提高了高职学生对职业纪律的认识，增强高职学生的自我修养，引导高职学生把外在的职业纪律方面的要求内化为自身的道德品质，进而促进高职学生的职业道德发展；第四，高职院校的德育课程以奉献社会、服务人民为主要内容的职业情操教育，引导和教育高职学生服务人民、奉献社会，有助于高职学生形成高尚的人格和培养奉献的精神，使其在以后的职业生涯中全心全意为社会做贡献。

四、高职院校德育课程实施

高职院校的德育课程实施是实现高职院校德育目标、落实高职院校德育内容的重要方面，高职院校的德育课程实施注重德育实践，面向高职学生职场生活，帮助高职学生进行德育体验，并将其内化为高职学生的职业素养，使他们能够达到知行合一，并能够懂得遵守从事岗位所要求的职业道德规范，和传统意义上的高校德育课程相比较，它具有不同的特点。

（一）注重德育实践

高职学生良好职业道德素质的养成，需要把所学的德育理论外化为正确的道德行为，内化为自己的德育品质。德育实践是实现高职学生道德内化与外化的重要方式，也是实现高职院校德育课程德育效果的有效手段。德育实践是高职学生道德形成的重要方式，德育课程的实现不能只依靠理性的思考去获得，需要高职学生通过德育感悟和德育实践方能形成。

德育实践是高职院校德育的重要环节，对于促进高职学生了解社会、了解职业、奉献社会、锻炼毅力、树立职业理想、培养职业认同感等具有不可替代的作用。要积极探索和建立高职院校德育实践与德育知识相结合、与勤工助学相结合、与服务社会相结合、与择业就业相结合、与创新创业相结合的管理体制，增强德育实践活动的效果，积极组织高职学生参加社会调查、志愿服务、企业实习、勤工助学、公益活动等。还要重视德育实践基地的建设，加强校企合作的德育模式，不断丰富德育实践的内容和形式，提高德育实践的质量和效果，使高职院校德育课程得以顺利实施。

（二）注重德育体验

高职院校德育课程实施的德育体验强调课程实施者与高职学生共同行动，高职学生在体验职场生活的同时，对自己的德育行为进行肯定或否定，从而掌握职业道德知识、发展职业道德情感、锻炼职业道德意志，最终使高职学生形成良好的职业道德品质。通过德育实践活动切身的体验，高职学生获得对职业道德的真正感悟和理解，形成促进职业道德行为发展的动力。高职学生有什么职业道德体验，就会有什么样的职业道德行为，不能脱离高职学生的职业生活给其强加一种道德行为。只有源于职业生活体验的德育课程才能激发高职学生内心的德育实践意识、真实的职业道德体验和职业道德认同。德育体验主要培养高职学生积极参与德育实践、敢于选择和善于判断的职业道德能力、知行合一的道德行为习惯。

在德育的过程中，高职院校可以设计一些形式多样的德育实践体验活动。例如，可以让高职学生参加工作岗位的角色体验、职业人的身份体验等角色体验；可以让高职学生参与表演式体验，把职业生活融入到表演中，去感受职业道德；也可以让学生去参加校外的职业实践，去体验真实的职场生活，感受职场文化。无论是哪一种德育活动的设计，都是引导高职学生走进职场，走向社会，通过各种德育体验活动，实现高职学生的道德认知与职业道德行为的融合，促进高职学生德育的发展，最终完成高职院校德育课程的实施。

既然高职院校的德育课程和传统意义上高校德育课程存在着不同特点，那么构建具有高职特色的德育课程就很有必要。课程开发原理所探讨的是课程开发的一般原则、规范、方式和方法等问题。从课程要素的层面阐释高职德育课程的开发。课程开发的要素包括课程目标、课程内容、课程实施和课程评价等，任何课程的开发都无法回避课程开发要素。

第二节　高职院校德育课程的目标

一、高职院校德育课程的目标取向

高职院校德育课程目标需要融合职业性的目标取向，同时也要注重德育实践的目标取向。融合了职业性的高职院校德育课程目标取向对高职院校人才的培养有着重要的意义，注重德育实践的取向是实现高职学生道德内化的重要途径，也是实现高职院校德育课程教学效果的有效手段。

（一）融合职业性的目标取向

高职院校教育是以能力为培养目标的，它要培养的是掌握本专业必备的专门知识和理论基础，且具备生产建设能力的专门性及技术型人才。高职院校教育是以就业为导向的教育，以职业素质教育为核心，本质特点是职业性。高职学生就业通常面向的是生产和服务第一线的企业，高职院校的德育目标必须调整思路，贴近高职学生的职场生活，以就业为主题，以社会和企业发展的需求来指导和促进高职学生的德育发展。与这一培养目标相呼应的高职院校的德育课程应该融合职业性的特征，这也是高职院校德育课程的存在基础。

职业性决定了高职院校德育课程的价值取向，是高职学生成为高素质人才的重要力量，没有融合职业性的高职院校德育课程目标取向，会使高职学生的德育教育效果大打折扣，也终将失去它的灵魂与方向。融合了职业性的高职院校德育课程目标的取向对高职院校人才的培养有着重要的意义，为了使高职院校德育课程目标具有职业性的特征，高职院校德育教育的所有环节都服务和服从于这一目标，即把培养高职学生的职业性教育贯穿于整个德育教育全过程，使高职学生能够成为社会需要和欢迎的人才。融合了职业性的高职院校德育课程目标取向，不仅是当下高职院校德育课程发展的目标，也是高职院校德育课程的重要内容，更是高职学生提高职业道德的一种重要方式。

（二）注重德育实践的目标取向

道德的发生是对道德情感、道德意志、道德信念等内容的整体体验，不仅仅停留在"道德知识"接受的层面上，而是一种融通式的发生过程。德育实践是高职学生道德素养形成的有效方式，德育课程目标的实现不能只依靠理性的思考去获得，需要高职学生通过德育实践方能实现。

高职院校的德育实践有着积极的意义，一方面，在高职院校中教育者如果能够为高职学生创设一定的德育条件，让他们积极参加德育实践，可以打开高职学生情感的大门，促使他们将道德认知与道德行为保持一致。另一方面，德育实践可以加深高职学生对道德规范的体会。通过切身的德育实践，高职学生对德育会有着更深刻的理解，产生深切的认同感，才能对诸如个人利益与他人利益，集体利益与社会利益等等有着进一步的认识和理解，从而转化为高职学生自身德育品质中的有机组成部分。高职院校德育课程目标需要注重德育实践的取向，这对高职学生良好职业道德素养的养成有着重要的意义，是实现高职学生道德内化的重要途径，也是实现高职院校德育课程教学效果的有效手段。

二、高职院校德育课程目标的基本来源

恰当的德育目标制定需要考虑到社会发展的需求，遵循教育对象的身心发展规律。所以，高职院校德育课程目标的基本来源是高职院校健康持续发展的需要，是企业对高素质人才的需求，同时也是高职学生自我发展的要求。

（一）高职院校健康持续发展的需要

高职院校培养的是能够进行生产建设的专门性及技术型人才。作为培养应用型人才的高职院校更需要的是让学生学会合作、学会做人。高职院校教育的职业性特点决定了高职学生必须具备较高的职业道德素质。职业道德素质是对高职学生道德素质的核心要求，也是实现素质教育目标的重要手段。也就是说，高职院校培养出来的人才

既要有能够胜任工作岗位所需的知识和职业技能，又要具备工作岗位所必需的职业道德，还要热爱工作岗位、遵纪守法、敬业奉献、勤俭自强和以主人翁的态度对待本职工作。

长期以来，高职院校更加注重的是高职学生职业技能的培养，而忽视了高职学生的职业道德素养，这导致了很多高职学生缺乏良好的职业道德素养，但是现在很多用人单位在录用人才时更加注重的往往是职业道德素养。为了提高高职院校的就业率，使高职院校能够实现良性的发展，高职院校应该认识到提高职业道德素养的迫切性和重要性，把德育课程的重点放在提高高职学生职业道德教育方面，适应社会形势的发展，探索出有效的高职院校德育课程开发途径。对于高职院校来说，加强职业道德教育是实现高职学生自身德育和谐发展和完善的重要途径，是引导高职学生学会真正做人的根本方法，能使高职学生实现个人生存发展与社会需求相统一。

（二）企业对高素质人才的需求

在知识经济高速发展的时代，企业的竞争归根到底是人才素质的竞争，而人才素质最重要的是职业能力素质和职业道德素质。职业能力是从业的资本，职业道德素养也同样是不可或缺的从业资本。增强高职学生的敬业精神，提高高职学生的职业道德素养，有利于高职学生就业竞争力的提高。在知识经济高速发展的时代，从业者不仅需要精湛的业务能力和较高的工作水平，还需要具有所处工作岗位要求的社会公德和敬业精神等。可以这样说，一个人对从事工作完成的好坏与它的职业道德素养高低有着直接的关系，因为只有具有较高职业道德素养的人才能产生崇高的使命感和强烈的事业心，从而出色地完成工作。

企业的发展需要大批具有奉献精神、诚实守信、爱岗敬业的人才，这就要求高职院校在传授专业技能和专业知识的同时，还要加强高职学生职业道德素养的培养，只有具有较高的职业道德素养，才能提高高职学生对职业的热爱之情，才能提高高职学生的敬业精神，才能提高高职学生的社会责任感和对企业的奉献精神。企业需要的人才是具有良好职业道德素养的专业技术型人才，在专业技能水平相同的情况下，企业实际上更看重的是具有较高的职业道德水平的高职学生。因此，在高素质人才的需求中，高职院校的德育课程也应该着眼于高职学生职业道德的培养，提高高职学生的职业道德素养，使之成为企业争抢的人才。

（三）高职学生自我发展的要求

当代高职学生处在社会发展的转型期，随着社会经济的发展，他们的社会价值观念也呈现出了多样化的发展，这也导致了高职学生的生活态度、行为习惯、思维方式、心理状态等方面发生巨大的变化。从用人单位对高职学生的录用情况反馈分析，部分高职生在工作中缺乏团队合作意识和敬业精神，对工作敷衍了事、拈轻怕重；跳槽频率较高，比较看重工资报酬；缺乏必要的职业道德操守，讲索取而不讲奉献，沉迷于行业不正之风。所以，高职院校德育课程的开发更需要掌握学生的职业道德现状，关注高职学生自我发展的需求。

高职院校要加强对学生的爱岗敬业与诚实守信方面的教育，教育高职学生忠于职守、讲究诚信，使其能够珍惜、热爱自己的工作岗位；强调服务于第一线作为主要内容的职业观念的教育，树立高职学生正确的就业观、职业观及崇高职业理想；加强廉洁奉公、遵纪守法方面的教育，提高高职学生对职业纪律的认识，引导高职学生把外在的职业纪律要求内化为自身的道德品质；引导和教育高职学生服务人民、奉献社会，帮助高职学生形成高尚的人格和树立奉献的意识。高职院校还要关注高职学生自我道德发展需要，将职业道德素养的培养融入高职院校的德育课程，提高高职学生对职业的认知，培养高职学生的职业情感，磨练其职业意志，使其树立崇高的职业理想，努力在今后做好自己的本职工作。

三、高职院校德育课程目标设计

（一）德育实践知识与德育智慧兼顾

德育实践知识是贯穿于高职院校整个德育过程中的一种实践性和反思性的理论，它不是实践中德育教学或实习经验的简单总结，也不是传统意义上德育理论在实践中的应用，而是指为解决德育问题在具体的德育实践教学或德育实习中形成的知识。在高职学生的德育知识结构中德育实践作为一种知识形态具有重要的地位，也就是说，德育知识本来仅仅是一个静态累积的形态，因为有了德育实践教学或实习中德育知识的理解与运用，具备了动态生成的形态。为满足职业道德不断更新和丰富德育知识体系的高职院校德育课程，需要将德育目标从掌握书本理论知识转向引导高职学生进行德育体验上来，将德育原则与高职学生的德育体验结合起来，提高高职学生的德育实践能力。

德育智慧是高职学生在德育实践中对德育问题的敏捷反应、对德育实践知识的灵活应用的一种综合性的创新能力，它包括情感智慧和实践智慧。情感智慧是指高职学生对所从事职业的热爱和职业道德责任感的品质，实践智慧则是建立在高职学生实践感悟和德育反思基础上的实际行动策略。对于高职学生来说，德育智慧的形成需要在德育实践的学习过程中来积累，可以为德育行为作指导、处理职业实践中遇到的德育问题等。

高职院校职业性的特点决定高职院校德育课程目标需要加强德育实践，而德育实践能够促使高职学生获得职业道德的发展，使其成为社会发展需要的高素质人才。所以，掌握德育实践知识仅仅是高职学生成为高素质职业人的一个方面，更重要的是，要让高职学生形成德育智慧。高职学生既要学习一些德育实践理论知识，也要注重它的实践作用，通过对德育实践知识的理解与应用，内化为高职学生的德育智慧，通过德育实践培养高职学生在职场生活中怎么做的能力，形成一种随机应变的德育机智，从而为学生向高素质职业人发展奠定坚实的基础。

（二）德育实践反思与职业道德素质发展共融

职业道德素质，是指从业人员在一定的职业活动范围内遵守职业道德，以及从业人员在职业活动中的职业道德的表现和反映。职业道德素质的内容广泛，其基本内容主要有职业理想、职业道德规范、敬业意识及职业道德风尚。具体到高职院校我们需要教育学生遵循一定的职业道德规范，使其能够爱岗敬业、树立崇高的职业理想、具备高尚的职业道德风尚。

然而，高职学生职业道德素质的养成仅凭借教师的道德传授是很难实现的，高职院校德育课程应该引导高职学生进行德育实践反思，在进行德育实践反思的同时也通过思维来调整德育实践结果，通过每一次德育实践反思及对德育实践结果的反思，为以后的德育实践做好铺垫，培养高职学生德育实践反思的能力，也让高职学生学会反省自己的德育实践行为。

实际上，高职学生只有通过德育实践反思去体验职场生活，才能促使自身职业道德素质的发展，才能在成为具有良好职业道德的高素质人才的道路上走得更好。在了解职业道德的内涵与价值的基础上，高职学生的德育实践反思，促使其了解自己的职业道德行为现状，对传统意义上高校德育教育与高职院校德育教育的差异也有新的认识。同时也蕴含着促进高职学生职业道德素质不断发展的巨大潜力。职业道德规范、职业道德理想等的教育都具有很强的实践性，良好的职业道德素质的形成也离不开德育实践反思。

再者，德育实践反思活动为高职学生的职业道德获取提供了不可多得的条件和实践经验，通过德育实践与高职学生德育知识的融合，既帮助高职学生树立德育实践反思的意识，也让高职院校德育教育在培养学生职业道德素质的环节收获成效，满足了社会或企业对高素质人才的需求，提高了高职院校的德育教育水平，提升了高职学生的职业道德素质，促使高职学生从能力型走向智慧型，最终成为社会发展需要的、具有良好职业道德素质的高素质人才。

第三节　高职院校德育课程的内容

一、高职院校德育课程内容的取向

不是所有德育内容都可以作为高职院校德育课程的内容，我们需要根据高职院校德育的特点对课程内容进行选择。高职院校德育课程内容的取向应该以促进能力提升的知识观、促进德育发展的实践观、促进职业化的发展观为原则。

（一）促进能力提升的知识观

这种能力指的是素质能力，是各种素质的合成，它既是学生对自身素质提升的认识与渴求，也是学生诸种素质在教育活动中的自然融合，这种能力的培养和发展也绝不是某种职业技能或就业能力的简单拓展与架构，能力培养的目标应该表现在善于塑造健全完善的人。我们需要在重新审视能力的基础上全面把握能力的内涵，并赋予它丰富的人文意蕴和德育内涵。

能力教育是高职院校实施素质教育的重要内容，高职院校培养的学生不仅需要有过硬的职业技能，也要以人文修养为底蕴，知识技能与人文修养同样重要。高职院校德育目标的定位也决定了高职院校的德育内容在增强学生职业能力培养的同时，更要加强人文修养的培养，提高高职学生的综合素质，培养出具有良好的敬业精神、健全的品格、高尚的道德情操等个性全面发展的应用型人才。

（二）促进德育发展的实践观

实践是检验德育的重要方式，也是促进高职院校德育发展的重要途径。职业道德的养成不仅仅是指高职学生要在课程中接受德育理论知识，更重要的是德育实践。要培养具有良好职业道德的高职学生，我们需要让高职学生在企业、社会和生活中去实践，在实践的过程中将课堂的德育理论转化为自身的道德意识，最终形成一种自觉的道德意识。所以，从促进职业道德发展的角度来说，高职院校德育内容的选择要注重实践性，让高职学生在道德实践中形成正确的价值观、世界观、人生观，培养高职学生形成一种较为稳定的道德行为，为其良好职业道德素养的养成做好准备。

（三）促进职业化的发展观

要培养具有良好的职业道德素质的应用型人才，就要有系统的高职院校德育课程；要解决高职院校德育教育中存在的各种问题，就要消除高职院校德育课程中的各种弊端；要为高职学生提供良好的职业指导，就要为他们提供优质的德育课程。职业性是高职院校教育的本质特点，作为培养高职人才最重要的摇篮的高职院校德育课程也要迎合这一特点，把促进高职学生职业化的发展作为高职院校德育课程重要的价值取向。我们要开发能够支持满足高职学生职业发展的课程内容，不断更新和丰富高职院校德育课程的课程内容。

二、高职院校德育课程内容选择的标准

高职院校德育课程以培养具有良好职业道德素养的专业应用型人才为主要目标，这便要求培养出来的人才不仅要有过硬的职业技术能力，更要具有高尚的职业情操、崇高的职业理想以及能够遵守职业道德规范。于是，高职院校德育课程内容的选择也要迎合这一要求，为了让高职学生具有良好的职业道德素养，高职院校的德育课

程内容要以思想教育为基础，要面向职场生活，要与高职院校德育教育的特点相适应。

（一）以思想教育为基础

高职院校是培养应用型人才的重要场所，高职学生处于价值观念、思想信仰养成的重要时期，思想政治素质是高职学生道德素质的重要内容，关系着高职学生成才的发展方向。在这个关键时期对高职学生进行思想教育，可以为高职院校德育教育奠定坚实的基础。

思想教育是高职院校德育课程的基本内容，对高职学生进行系统的思想教育，有助于高职学生树立正确的人生观、世界观、价值观，确立坚定的政治立场；使高职学生牢记国家对自己的要求，能够明确自己肩负的社会责任，使其不管在什么职业岗位上能够始终践行科学价值观。通过相应德育课程内容的教育，提高高职学生的思想道德素质，把他们培养成符合社会发展需要的人才。

高职院校的德育课程内容的选择以思想教育为基础具有重要的意义，它为把高职学生培养成为合格的建设者奠定良好的动力基础，为把高职学生培养成为社会事业合格的接班人奠定坚实的政治基础，为把高职学生培养成为社会精神文明的创造者奠定必要的思想基础，为把高职学生培养成为国家的合格公民奠定品德基础。

（二）面向职场生活

高职院校是学生获得知识和技能的重要场所，也是高职学生过渡到社会的一个重要桥梁，只有让高职学生面向职场生活，才能培养出企业与社会需要的人才。让高职学生面向职场生活，将职场中的管理理念、经营方式、经营战略融合到高职院校的德育过程中，可以帮助高职学生提前形成对职业的科学认知，从而树立正确的职业价值观。同时，通过面向职场生活这种方式，引导高职学生积极参加德育实践，能够让高职学生在真实的工作环境中去感知服务意识、职业道德等重要因素是怎样履行的，去思考和发现自己在职场环境中的优势与不足，从而促使其在今后的学习生活中去改变自己，以便未来适应职场生活的要求。

高职院校德育课程内容面向职场生活，不仅让高职学生感受真实的职场文化，也让高职学生提高了职业道德素质，促使其树立正确的职业观；也能够加快高职学生的角色转化，促进其职业心理成熟，让其具备未来职业人所需的职业道德素质。高职院校德育课程内容的选择面向职场生活，让高职学生在正式进入社会之前就可以感受到真实的职场生活，通过在企业中实习将高职学生外在的职场行为内化为自身内在的德育需求，使高职学生能够适应今后的职场生活，增加在以后的就业竞争中获胜的基础。

（三）与高职院校德育教育的特点相适应

高职院校德育课程的内容是为高职学生选择的，最终也是为高职学生德育发展的目标服务的。考虑到高职院校德育教育是为了更好地促进高职学生职业发展，高职院校的德育教育应该有助于高职学生职业道德、职业理想、职业情操以及职业道德规范的发展。这就要求我们在选择高职院校德育课程内容的时候，要综合考虑各个因素的关系，对这些内容是否能够真正地实现高职院校德育课程的目标进行考察。

高职院校德育课程内容的选择应该符合高职院校德育教育要求，若不能适应高职院校德育教育的特点，那么高职院校德育教育不论是课堂教学还是实践教学，它们都是无法对高职学生的职业态度、职业行为及职业道德进行影响的。如果我们在选择德育课程内容的时候能够注意到高职院校德育教育的特点，并尽量与之相适应，这不仅能让高职学生更加适应德育的内容，帮助他们成长为具有良好的职业道德素养的应用型人才，而且能够让高职学生的职业道德行为获得持续发展，帮助他们获得更好的职业道德发展，从而达到促进高职院校德育健康可持续发展的目的。

三、高职院校德育课程内容的组织

对德育课程内容进行组织，实际上就是通过对德育课程内容各个要素进行排列，为受教育者构建出一个有效的课程内容体系。高职院校的德育课程以课程内容为载体，把信息传递给高职学生。高职学生在自主学习德育课程内容的过程中，获得职业道德的发展，并逐步向合格的职业人转化。高职学生在职场生活的体验中获得职业道德的认知，在德育实践中获得职业道德的发展。因此，高职院校需要加强德育课程内容的整合，合理地对德育课程内容进行组织。为了促进高职学生职业道德的发展，高职院校德育课程需要调整课程导向，以职业生涯规划发展为载体；改革课程内容，以职业道德教育为主要内容；优化课程结构，增加德育实践课程。

（一）调整课程导向

高职学生的职业生涯规划是高职学生为了实现自我分析和自我认知的一个过程，对高职学生进行职业生涯规划发展教育，可以帮助高职学生学会进行科学的职业生涯规划，采取正确的措施，针对性对参加相关的职业培训和实践，可以使其认识到自己的个人优势，努力克服缺点，增加个人的职业竞争能力。同时对高职学生进行职业生涯规划发展教育能够帮助其找到一个适合自身发展的平台，促使高职学生职业目标的实现，这是高职学生不断提高职业能力和提高自身德育素质自我教育的一个重要方面。高职院校借助于职业生涯规划，可以使高职学生的德育内容贴近学生、贴近生活、贴近实际，使高职学生的德育内容得以优化和落实，从而帮助高职学生树立正确的就业观、职业意识和职业道德。

职业生涯规划已成为高职学生成才的重要因素，高职院校的德育课程必须尽快与之相适应，将其纳入自己的视野，以职业生涯规划为高职院校德育课程的载体，通过职业生涯规划这一高职学生成才的重要途径，向高职学生传播正确、丰富、生动的德育内容，以帮助高职学生树立正确的就业观、职业意识和职业道德，促进高职学生职业化的发展，为高职学生以后的就业和步入社会奠定良好的基础。

高职院校应该着力夯实职业生涯规划发展的理论基础，在德育过程中把高职学生的敬业精神教育、爱国主义教育与职业生涯规划教育合理地结合起来，在德育课程教育中把职业生涯规划的思想渗透进去，在潜移默化中使高职学生的职业生涯规划发展教育内容得以深化，使高职学生的敬业精神、职业道德规范得到发展，从而促使高职学生的德育成长。高职学生职业生涯规划教育是一项长期的、综合的、系统的工作，其内容贯穿于高职学生德育学习的全过程，具体包括三个方面。

首先，树立高职学生的职业生涯规划意识。开设职业指导课程、举办职业专题讲座，让高职学生接触关于职业和职业生涯的概念，帮助高职学生认识所学专业与职业的关系、进行职业的自我评测，使高职学生明确自己的职业兴趣和未来的职业发展方向，从而初步树立起高职学生的职业生涯规划意识。

其次，加强高职学生职业能力的培养。对高职学生进行个性化的职业咨询与指导，使高职学生获得相关职业知识；组织高职学生参加顶岗实习、生产实习等相关实践活动，培养高职学生的职业适应能力；邀请相关专家与高职学生交流本专业对人才的需求情况和未来发展趋势，增加高职学生的信息获取能力；使高职学生了解到职业发展需要具备的专业知识，有助于高职学生职业能力的培养，从而为以后的就业奠定坚实的基础。

最后，关注高职学生的就业能力。举办就业程序、就业政策等相关讲座，把关于就业的有效信息传授给高职学生，帮助高职学生做好就业的心理准备；指导高职学生完善个人求职资料，组织其参加招聘会和面试，通过开展求职技能的训练来帮助其增强就业的能力，以帮助他们找到适合自己的工作。

（二）改革课程内容

职业道德是社会的道德原则和规范在职业行为和职业关系中的特殊表现，是从业人员在职业生活中应遵循的道德规范以及应具备的道德观念、道德情操和道德品质，它包括爱岗敬业、诚实守信、奉献社会等基本要求。加强高职学生的职业道德教育，有助于提高高职学生对职业的认知，培养高职学生的职业情感，磨练其职业意志，使其树立崇高的职业理想，努力做好自己的本职工作。高职院校的德育课程内容是以职业道德教育为主要内容，以诚实守信为重点，帮助高职学生掌握职业道德的基本规范，了解职业道德行为养成方法，最终促使其形成高尚的职业道德情操。以职业道德教育为高职院校德育课程的主要内容包括以下三个方面：

首先，德育课程的内容要结合高职院校和高职学生的特点，选择高职特色的德育内容，帮助高职学生了解职业道德的内容，使其对社会的从业准则和道德规范有着更加深刻的认识，为高职学生具备良好的职业道德素质提供情感前提和理论知识，从而为高职学生的就业奠定良好的职业道德基础。

其次，德育课程内容可以增加工学结合的实践内容。职业道德教育不仅可以从高职院校课堂的传授中获得，也可以从工学结合的实践中获得，通过工学结合实践，把相关的职业道德要求内化为高职学生自身的需求，并将其转化为高职学生的道德品质和道德习惯，促使高职学生良好职业道德的形成，使其具备较强的敬业精神和奉献精神，使高职学生能够对以后所从事的岗位履行良好的职业义务。

最后，高职院校的德育教育因其独特的培养目标决定了职业道德教育在德育课程中的重要性和特殊性。如果高职院校德育课程只是没重点的开设，不把职业道德教育作为德育课程的主要内容来抓，不把职业道德教育作为高职院校德育课程的突破口，那么高职院校的德育课程必将失去其本应该有的效果和特色，并最终影响高职院校德育教育的质量。当然，我们说的以职业道德教育为高职院校德育课程的主要内容，并不是说以职业道德教育代替所有的德育内容，也不是说只要高职学生的职业道德教育做好了，高职院校的德育工作也就自然开展好了，而是说要结合高职院校德育教育的特殊性，通过以开展职业道德教育为主要内容的德育课程，同时不忘记加强思想教育、社会公德教育、遵纪守法教育、心理健康教育等其它方面的德育内容，以更加有效地促进高职院校德育教育的发展。

（三）优化课程结构

课程结构是课程目标转化为教育成果的纽带，是课程实施活动顺利开展的依据。课程结构的研究是课程论中十分重要的部分，也是内容相当丰富的部分。课程结构是课程各部分的配合和组织，它是课程体系的基础，主要规定了组成课程体系的学科门类以及各学科内容的比例关系，必修课与选修课、分科课程与综合课程的搭配等，体现出一定的课程理念和课程设置的价值取向。课程结构是针对整个课程体系而言的，课程的知识构成是课程结构的核心问题，课程的形态结构是课程结构的基础。

由于大部分高职学生都没有实践工作经验，大都依靠课堂理论的学习与实践教学来获取与职业息息相关的德育知识。在课程结构方面，高职院校的德育课程将课堂理论学习与实践教学分为各自独立的部分，因此，德育课程的理论与实践缺少了连接的部分，这就要求我们必须要优化高职院校德育课程的结构。

首先，从加强德育课程自身内在整合着手，将职业道德教育、思想教育、社会公德教育、遵纪守法教育、心理健康教育融合到德育教育的过程中，进而加强职业道德教育与其他德育各方面内容的实质性整合，促使职业道德教育能够有效地指导其他德育内容。

其次，德育课程内容要注重高职学生的职业道德素养和德育实践能力的培养，融入德育的新理论及新案例，更新教学内容，增强德育课程的前沿性，为高职学生提供全新的促进职业道德发展的教学内容和课程体系。

最后，增设德育实践课程，这里的德育实践不是作为学习途径的"德育实践"，而是作为一门专门课程的"德育实践"。作为一种学习途径的"德育实践"是贯彻于整个高职院校的德育课程体系的整个过程的。而作为一种课程形态的"德育实践"课程，则是为高职学生的德育发展提供相对独立的学习机会。由于高职学生在刚开始接触德育实践的时候，并不能够很好的掌握德育实践的要领，因此我们开设专门的课程来引导其体会德育实践中的复杂内容。尤其是高职学生在接触了比较真实的职场生活后，通过专门的德育实践课程，锻炼了高职学生的实践能力，使实践在德育教育中的地位大大提升，也改善了德育课程体系中课堂理论和德育实践脱节的现象，从而实现了德育内容真正意义上的融合。

第四节 高职院校德育课程的实施

一、高职院校德育课程实施的组织形式

高职院校德育课程的组织应该考虑到高职院校的德育目标，因此，高职院校应该通过适当的课程实施组织形式，调整德育课程的应有比重，突出高职院校德育课程的特点，实施多样化的德育方式，促使高职学生良好职业道德素质的形成，引导有效的德育实践，以营造开放的实践氛围。

（一）实施多样化的德育方式

高职院校德育课程目标是培养具有良好职业道德的高素质人才，所以高职院校的德育课程实施已无法只通过单纯的德育课程理论传授来解决，为了促进高职学生职业道德素养的发展，德育课程的实施方式必须多样化。

首先，高职院校要加强对高职学生的职业指导。高职院校可以通过开设职业指导课程，帮助高职学生学习相关职业知识，引导高职学生对自己的职业生涯进行规划，使高职学生树立正确的就业观、择业观和职业观，从而加强高职学生的职业道德熏陶。

其次，工学结合的德育实践方式。工学结合为高职学生提供参与职业德育实践的机会，使其能够体悟真实的职场生活和反省自己的职业道德理念，让其通过切身的实践去感受和体会职业道德。

最后，与企业文化进行融合的德育方式。高职院校引入优秀的企业文化，可以增强高职学生对职业道德、职业规范的认识，也可以加强企业文化与校园文化的融合，将其内化为高职学生的职业道德素养。

（二）引导有效的德育实践

高职院校德育课程存在着注重德育理论传授的问题，重道德认知而轻德育实践。

事实上，道德从根本上来说是实践性的，道德的实践本质决定德育课程的组织需要加强德育实践。有效的德育实践可以提高高职学生的道德认知，熏陶其道德情感，锻炼其道德行为习惯，最终促成高职学生道德信念和道德行为的融合统一。组织德育实践活动，要从传统的以课堂为中心、教师为中心、教材为中心转变为以活动为中心、学生为中心、体验为中心。高职院校可以引导学生与优秀企业人进行交流，让高职学生感受企业内在的道德力量，为高职学生的职业道德熏陶营造氛围；高职院校还可以引导学生去参加企业实践、青年志愿者活动等，让其在实践中锻炼意志，体验真实的职场生活，以适应企业发展对高职学生道德的要求；高职院校可以加强与企业的合作，建立高职学生的德育实训基地，开展德育合作教学，让其进入到真实的职业生活情境中，从实践的角度将外在的道德知识转化为内在的、稳定的德育行为。

二、高职院校德育课程实施模式

高职院校德育课程实施模式的建构是由高职院校德育课程的目标和特点决定的，是社会对具有良好职业素养的技能型人才的需求，是全面推进素质教育的需求，也是解决当前高职院校德育中存在问题的需求。构建良好的德育课程实施模式不仅可以加强高职院校德育课程的针对性和实效性，也可以为德育课程实施提供有效的标准。

（一）德育体验模式

一个完整的德育过程，应该是受教育者的认知活动、体验活动与实践活动的结合，人对道德价值的学习通常以情感体验为重要的学习方式。道德的产生是对道德情感、道德意志、道德信念等内容的整体体验，是一种融通式的发生过程，而不仅仅是停留在"道德知识"接受的层面上。与道德认知比较起来，德育体验可以促使道德情感的产生，促使人们的精神活动和内心自由产生更大的变化。道德情感是联系个体道德认知到个体道德意志和道德行为的纽带，架设了道德情感这座桥梁能促使个体道德意志和道德行为更好地发展。高职院校的德育体验有着积极的意义，一方面，德育者如果能够为高职学生创设一定的德育学习条件，让他们亲身体验道德，可以打开高职学生情感的大门，促使他们将道德认知与道德行为保持一致。相反，如果没有情感方面的推动，高职学生即使对道德认识有了一定意义上的认识，也难以去实践。另一方面，道德体验可以加深高职学生对道德规范的领悟。通过切身的道德体验，高职学生对道德会有着更深刻的理解，产生深切的认同感，能对诸如个人利益与他人利益，集体利益与国家利益等社会规范有着进一步的认识和理解，从而转化为高职学生自身德育品质中的有机组成部分。

德育体验模式的构建重在组织有效的道德实践活动，创设富有感染力的教学情境，引导学生通过亲身经历或内心感受，获得相应的思想品德认知和道德情感，深化对道德、对人生的理解，进而转化为道德行为，真正实现知、情、意、行的整合。建议应该从以下三个方面着手构建高职院校的德育体验模式。

首先，创设具体德育的情境，激发高职学生的道德情感。高职院校可以创设与道德教育所需相一致的德育情境，让高职学生通过切身的自我体验与感受，去领悟道德教育。通过讲述有关企业的职业道德故事，聚焦劳模感人事迹等等，使高职学生领会职业人士的奉献精神和敬业精神，感受真实的职场情境，增强高职学生的职业道德情感，促使他们能够入情、动情、移情，从而能够陶冶高职学生的职业道德情操。

其次，设计德育活动，内化为高职学生的德育行为。道德体验在实践中产生又在实践中发展，德育实践在体验式德育模式中占据重要的地位，因此需要在德育的过程中设计一些形式多样的德育实践活动。可以让高职学生参与表演式体验，可以让高职学生参加工作岗位的角色扮演、职业人的身份扮演等德育实践活动，把职业生活融入到表演中，去感受职业道德，也可以让学生参加校外的职业实践，去体验真实的职场生活，感受职场文化。无论哪一种德育活动的设计，都是引导高职学生走进职场，走向社会，通过各种德育体验活动，实现高职学生的道德认知与职业道德行为的促进，促进高职学生德育的发展。

最后，进行道德反思，提升高职学生的德育境界。高职学生的德育反思是指学生对职业生活中具有冲突情境的道德行为进行反思，对他们道德选择的原因进行研究，对其行为效果进行有效的分析。这种德育反思是以高职学生的切身经历为基础，在道德反思的基础上，强调高职学生自身的体悟和反省，进行理性的思考，将亲身体悟获得的德育内容真正内化为高职学生自己的道德，最终获得道德素质上的提升。

（二）行动德育模式

高职院校的目标是培养符合社会需求的、具有专业技能的应用型人才，行动能力就成了高职学生不可或缺的一个重要组成部分。具体到德育方面，高职院校的德育课程也需要依靠"行动"去将德育内容内化为高职学生的自身需求，这就需要我们构建行动德育模式去完成德育课程实施。行动德育模式就是以培养高职学生良好的职业道德素养为目标，构建由教师、大学生、学校相关部门、大学生家庭与用人单位共同行动的良好德育行为培养、实践、检验的科学体系，构建以大学生为中心的家庭、学校、用人单位（企业）"三位一体"的，以教、学、做、用、馈为循环的德育工作运行新模式，旨在培养学生良好的道德修养，使其在学习、生活、社交、家庭和工作中自觉践行道德行为，从而使自己具有符合用人单位需要的人才，进而提高自己的就业能力。这一模式以德育实践为主，以学生家庭、校园和企业为实践基地，开展家庭实践、校园实践等实践活动，全面加强高职学生以家庭美德、社会公德和职业道德为德育主要内容的教育和实践，促进高职学生道德行为的养成，形成涵盖家庭、学校和用人单位共同合作的德育模式。

第一，做好与高职学生家庭的对接。家庭是高职学生德育实践的第一基地，是整个行动德育的基础，做好与家庭的对接，也就意味着行动德育成功了一半。高职院校要与家长做好积极的沟通，让家长教育孩子积极参加各种德育实践，加强高职学生的感恩教育及责任意识的培育，促使高职学生形成家庭和睦、尊老爱幼的家庭美德，这也增加了高职学生对家庭的责任意识。

第二，加强与企业或用人单位的合作。作为高职学生培训基地和未来工作场所的用人单位，既是验证高职学生实习或工作成果的基地，也是验证高职学生德育素质的平台。高职院校要加强与用人单位的合作，了解用人单位对高职学生技能及德育的要求，根据用人单位的要求，采取针对性的措施，及时调整德育课程的培养策略，以培养符合用人单位所要求的具有较高道德素养的应用型人才。

第三，要强化大学生的行动能力。行动是道德形成的重要方式，德性的获得不能只依靠理性的思考，还需要高职学生在实践中去领悟与体验方能形成。强化高职学生的行动能力，可以引导高职学生走出校门，面向职场，在实践中去体验职场，锻炼高职学生的意志，培养其社会适应能力。通过参加职业实践活动，高职学生既能够锻炼自己的行动能力，又能够了解企业的需求，从而获得更好的职业定位，为未来的就业奠定良好的基础。

（三）校企合作德育模式

校企合作德育模式是当前高职院校不同于传统高校的一种新的思想道德培养模式，它将学校资源和企业资源进行有效组合，利用双方的优势资源及教育环境，在强调提高高职学生职业能力和技能的同时，更强调职业道德素质的培养。对高职学生德育工作的开展采用校企合作德育模式不仅是高职院校和学生发展的需要，同时也是企业的发展需要。一方面，企业岗位所要求的职业道德规范对高职学生来说是将所学习到的德育理论进行检验并借此提高道德认知的一个机会，同时也是高职学生对职业道德规范的一个体验过程。校企合作的方式让高职学生对道德有了更深刻的感触和体验，从而更加自觉地将道德认知通过道德实践内化为自身稳定的道德行为。另一方面，拥有着科技、经济、文化高度发达的企业本身就是一个良好的德育教育基地，高职学生参加企业的见习、实习时可以感受到企业的魅力，受到企业文化的熏陶，感受团队合作以及集体的力量。作为企业中核心人物的优秀企业人不仅可以在职业能力及技术方面对学生进行指导，也能以言传身教的方式将职业道德传授给高职学生，以榜样的作用去影响高职学生，促进高职学生道德的发展。校企合作德育模式可以从以下三个方面着手。

首先，大力建设德育合作基地。高职学生在校企合作的过程中不仅受校园文化的熏陶，也受企业文化和社会的濡染，所以校企合作德育模式可以让校园文化为基础，与高职学生的实习和社会实践相结合，以高职院校的德育部门和校企合作单位为重点，充分利用社会企事业单位的德育资源，与社会企事业单位加强合作，努力搭建高职院校德育教育的合作平台，共建高职院校德育实践合作基地。

其次，选择适合校企合作的德育内容。为了做到这一点，高职学生参加实习期间的德育内容应该结合企业的实际，主要进行职业道德规范教育、职业纪律教育以及法制教育。校企合作双方可以共同制定德育教育计划，选派德育教师，安排德育内容，并共同进行德育评价，使德育内容符合校企合作的方向。

最后，选择合适的德育导师。德育导师的选择是一项非常重要的工作，它对高职学生的德育教学效果有着重要的影响，应该从校企双方选择优秀的人才来担任高职学生的德育导师。对高职院校来说，最好选择那些既具有较高职业技能又具备良好道德素养的教师作为德育导师，负责高职学生的专业技能培训和道德教育培养。而企业可以选择劳动模范、优秀企业人、先进工作者等为高职学生的德育指导者，在充分发挥榜样作用的同时，也加强对高职学生的职业道德培养。在校企合作德育模式中，高职院校的德育导师和企业的指导者共同承担高职学生的德育工作，共同指导学生，与高职学生共学、共做、共生活，从而促进高职院校的德育发展。

三、德育课程实施方法

高职院校德育课程实施是一项复杂的社会活动，为达到高职院校培养具有良好道德素养的技能型人才的目标，我们需要更新德育观念，加强高职学生的道德教育，并不断努力探索高职院校德育工作新思路和新方法，构建高职院校德育课程新体系，增强高职院校德育实施效果。

（一）加强职业指导

高职院校可以开设职业指导课程，帮助高职学生学习相关职业知识，引导其进行职业生涯规划，使其树立正确的就业观、择业观和职业观。在职业指导课程中，高职院校可以采用分析就业和择业案例、校外人士的讲座、情景模拟、参观体验等各种方式，帮助高职学生了解高素质技术人才在当今社会发展中的地位。了解当前社会的就业形势及企业对职业道德的要求，使高职学生能够明确自身的职业发展目标以及职业道德要求，从而在今后的学习过程中能够有针对性地加强自身技能和专业学习的培训，完善自身的道德品质，提高自己的综合素质，养成敬业乐业的职业道德，为其今后的就业奠定良好的基础。

高职院校职业指导工作的开展既有利于用人单位更好地选择人才，也有利于高职学生进行职业选择。高职院校可以建立专门的职业指导机构从事职业指导相关的理论研究工作，这个机构负责组织和联系各类职业指导的讲座，制定高职学生的职业指导课程，并且在高职学生的职业道德方面进行有针对性的辅导。职业指导机构建立的目的，不仅是要提高高职学生的就业率，也是加强高职学生职业道德素质的有效途径。

（二）提倡工学结合的德育实践

以工学结合的德育实践作为德育教育的载体是对高职学生进行职业道德教育的一个重要方式，通过使高职学生面向真实的职场生活，让高职学生通过真实的实践去感受和体会职业道德。职业道德规范都是在不断的实践中得到发展与完善，只有通过不断的德育实践才能实现高职学生职业道德的发展。工学结合为高职学生提供参与职业德育实践的机会，使其能够在真实的职场生活中感受和反省职业道德的理念，深化对课堂德育理论知识的理解，将其内化为自身的道德意志和情感，并进一步转化为更加稳定的道德行为。

一方面，工学结合是高职院校德育课程课堂教育的延伸，高职学生在企业工作环境中实践，将在课堂中学到的德育理念运用到现实环境中，充分发挥情感、信念、意志等因素的综合作用，不仅可以检验课堂德育理论教学的效果，也可以塑造高职学生的德育行为。另一方面，让高职学生面对真正的职场生活，使其感受和体会真实劳动世界的职业道德规范，提高其对职业道德的认同，同时也增强其道德选择能力。在工学结合的环境下，高职学生在从事实践活动和生产劳动的过程中可以感受到企业规章制度及相关纪律的制约，这对培养高职学生的职业道德素养有着重要的意义。

（三）与企业文化融合

企业文化通常是指在一定的社会文化环境影响下，经过企业领导者的长期倡导和全体员工的积极认同与实践所形成的整体价值观念、信仰追求、道德规范、行为准则、经营特色、管理风格的总和。企业文化是高职院校德育的有效载体，高职院校作为培养企业从业人员的重要基地，引入优秀的企业文化，既可以加强校园文化与企业文化的融合，又可以增强学生对职业道德的认识，对提高高职学生的就业率有着重要的意义。

首先，高职院校将企业文化引入到德育工作中，营造企业文化的职业氛围，将企业文化中的规章制度融入高职院校的德育教育课堂，可以突破原来的德育理论教学，加强高职学生对企业的适应能力，培养高职学生的职业操守，促进高职学生职业素养的养成，以便其适应将来就业中的竞争。

其次，高职院校引入企业文化来开展德育工作，将企业文化与校园文化进行融合，为学生创造良好的职业文化氛围，可以优化学生对企业、对社会的认知结构，增强对职业精神、职业规范、职业素质等的基本了解，帮助学生树立职业理想和良好的职业道德，为学生的成功就业构筑基础。

第五节　高职院校德育课程的评价体系

一、高职院校德育课程评价的取向

德育课程的评价具有导向功能和调节功能，通过德育评价，可以更加全面地了解高职学生的道德表现和发展水平，可以使高职学生对自身道德行为的结果进行反省并加以调整，对高职学生道德品质的形成有重要的促进作用。高职院校德育课程评价的取向是指高职院校课程评价观念以及方法论上的基本倾向与旨趣。与高职院校培养具有良好职业道德素养的技能型人才的德育课程目标和宗旨相匹配，高职院校的德育评价也要具备与之一致的理念。高职院校德育课程的本质决定了高职院校的德育评价也需要遵循相应的评价取向。

（一）促进就业能力发展

构建促进就业能力发展的德育评价取向不仅对高职院校人才培养具有重要意义，也对探索具有高职特色的德育课程有着重要的促进作用。促进就业能力发展的高职院校德育课程评价是以促进高职学生职业道德素养发展为目标，以能力本位为主要内容，将就业能力的特征融入高职院校德育课程评价的内容和实施上，促进高职学生就业能力的发展。构建促进就业能力发展的德育课程评价是受两方面原因影响的，一方面，高职院校德育课程目标决定了高职院校德育课程评价要以促进就业能力发展为取向，为了达到高职院校培养具备良好职业道德、正确择业观、较强专业技能的应用型人才的德育目标，高职院校德育教育的所有环节都必须服务和服从于这一目标。高职院校德育课程的评价也不例外，即把培养高职学生的就业能力贯穿于高职院校德育课程评价的全过程，使高职学生能够成为社会需要和欢迎的人才。另一方面，高职院校教育对象的特点也决定了高职院校德育课程的评价需要以促进就业能力发展为取向。和多数普通高校学生相比较，高职学生的就业面向的是生产和服务第一线的企业，需要的不仅仅是专业的技能，更重要的是具有良好的职业道德。所以，高职院校的德育课程评价必须调整思路，贴近高职学生的职场生活，以就业为主题，运用科学的德育评价标准和方法，有针对性地为高职学生提供德育反馈信息，以社会和企业发展的需求来指导和促进高职学生的德育发展。

（二）人本性的德育课程评价

在当代，社会对人的发展提出了更高的要求，更关注的是人的自我发展和个性发展，如果忽视高职学生的自我发展和个性发展，只是片面强调实际操作能力，培养出来的就是"机器"而不是"人"。这就要求高职院校在德育课程评价方面要贯穿学生的自我发展以及良好人格特征的培养，做到人本性的德育课程评价。

在人本性的课程评价取向中，德育不再是传统的约束人、控制人，而是为人的发展创造条件，为高职学生的德育实践提供条件，使其增强道德认知、道德判断、道德情感和道德行为的自我教育能力，在自我教育的过程中实现高职学生的自我发展及自我完善，让其获得良好的职业道德发展。人本性的课程评价取向的实质就是使高职院校德育课程评价过程更具有人性化的理念。构建人本德育评价体系,实质是要使德育工作更具人性化理念。德育课程评价体现以人为本的发展理念,要求在人性化的理念下开展德育和评价工作,具体做到尊重人、依靠人、凝聚人、发展人。高职院校让学生平等地接受德育教育,给予学生充分的主体地位,通过平等的沟通和交流,把企业的道德规范转化为自身的道德准则,把社会的道德约束转化为自律,把对国家的使命感化为自身的行为,这也是高职院校德育课程评价的最终目的。

(三) 发展性的德育课程评价

发展性的德育课程评价是一种面向评价对象未来发展且注重过程的取向,它关注高职学生自身的成长,突出德育课程评价的发展性,以促进高职学生的德育成长为目标。它的内涵体现在两个方面:

第一,发展性德育课程评价把促进高职学生的德育发展贯穿其中,围绕着高职学生德育发展,并为高职学生的德育发展服务。发展性德育课程评价既是提高高职院校德育课程有效性和规范性的重要载体,也是促进高职学生进行自我教育、自我反思、自我激励、自我发展的重要手段。通过发展性德育课程评价的活动,高职学生能够学会自我评价并发现自己在德育发展中的问题,能够更加主动积极地把学校德育目标内化为自身自觉的德育行为,达到以评促进、以评促做,把促进德育发展始终贯穿于高职学生成长的始终,最终促进高职学生职业道德素养的发展。

第二,发展性德育课程评价注重结果的分析与运用,对整个德育过程的不同阶段都进行发展性的评价。在德育课程前对高职学生进行德育评价可以使我们找到德育的起点,为高职院校德育课程的设计提供依据;在德育课程中进行的德育评价结果让我们掌握高职学生的各种道德反馈信息,根据反馈信息对德育课程加以调整和改善;在德育课程结束后的评价可以让我们完善和强化今后的德育行为。通过发展性德育课程评价,能够使高职院校的德育课程处于一种最佳状态,推动高职院校德育的发展。

二、高职院校德育课程评价过程

对高职院校德育课程进行评价可以保证德育课程能够有效地实施。高职院校德育课程评价过程主要包括对德育课程目标的评价、对德育课程内容的评价两个方面。

(一) 德育课程目标评价

德育课程目标评价是对德育目标定位的评价,它是评价者对德育课程的适应性、有效性、可接受性等做出评价,是最基本的评价。高职院校的德育课程应当在明确高职院校德育教育水平和潜力的基础上来确定德育课程的目标和发展方向。高职院校德育的目标是以培养职业技能和职业道德相结合,培养出来的高职学生能够掌握所需的操作技能、管理技能以及与之适应的职业道德素养,这就决定了高职院校的德育课程目标评价要从职业和道德两个方面着手，评价该德育课程是否能够面向社会、立足学校。

高职院校德育课程目标可以从以下几个维度评价：高职院校德育课程目标是否合理、科学、有效；高职院校德育课程目标的表述是否具有层次性；高职院校德育课程目标是否符合高职院校的办学宗旨；高职院校德育课程目标是否符合社会发展需求，是否具有社会适应性；高职院校的实践条件等课程资源是否能满足德育课程开设的需要；当地社会资源能否满足高职院校德育课程目标的要求；高职院校各项德育目标之间是否能够统一协调，形成一个有机整体。

评价高职院校德育课程目标包括以下程序与方法：

第一，从教育哲学的角度来评价德育课程是否符合高职院校的德育培养目标。可采取组织教师讨论、设计教师和学生问卷进行调查的方法。

第二，从学生需求的角度来评价德育课程是否符合高职学生的需要。德育课程设计的起点是充分考虑高职学生的德育需求、兴趣，特别是要充分体现高职教育以就业为导向的特点。可根据高职学生德育特点采用问卷以及访谈优秀企业人的方式进行。进行问卷或访谈后，将高职学生对德育的看法以及建议汇总给德育教师，德育教师则可根据相关意见对德育课程计划与课程内容进行修改。

第三，评价当地经济与企业发展的德育需要。这就要求用人单位必须参与到德育课程的目标评价中来，了解经济发展和企业对人才的德育需求，评价德育课程目标是否符合企业及社会发展的要求。

第四，评价学校、企业的德育课程资源。评价高职院校与所在地方企业的现存德育课程资源，包括人力、物力资源，这对高职院校德育课程的有效实施有着非常重要的影响。高职院校的德育目标需要通过德育实践来实现，如果高职院校或企业不能给学生提供德育实践的机会，势必会影响德育课程的教学质量。

（二）德育课程内容评价

对高职院校德育课程内容进行评价，可以对德育课程的发展方向和可行性产生重要影响。高职院校强调职业性的特点决定了高职院校的德育课程必须对高职学生进行职业道德、职业理想以及职业情操的教育。对高职院校德育课程内容的评价主要考察德育内容是否有利于高职学生职业能力及职业道德的培养，主要从德育理论课程和实践课程、用人单位参与等角度进行评价。

高职院校德育理论的学习以"够用""必须"为基础，根据社会和企业对职业道德的需求而定，同时要具备促进高职学生职业能力提升的作用，体现出高职院校德育特色。德育理论课程要有具体的职业针对性，明确指导高职学生职业知识、技能以及职业态度的获得，从而培养符合具有社会职业岗位要求的良好道德素养的人才。

德育实践内容也占据着重要位置，通过德育实践可以培养高职学生善于学习、肯于创新、热爱本职工作的职业道德，因此，在德育课程中要增加德育实践内容的比重，德育理论与德育实践的内容要有适合的比例，具体可以根据社会和企业的要求调整。同时，高职院校德育内容评价必须重视高职院校和用人单位紧密联系的特色，必须评价高职院校德育课程的开发中是否有用人单位参与设计和开发。

因此，可以主要从以下几个维度评价高职院校德育课程内容：高职院校德育课程内容的排列顺序是否建立在教育学、心理学等学科原理基础之上；高职院校德育课程的内容是否符合当前的德育课程目标；高职院校德育课程内容的编排和选择是否符合学生身心发展特点；高职院校德育课程内容在编排和结构上是否以突出职业道德培养为主；高职院校德育课程中的理论课与实践课是否有机结合。

第三章 高职院校的育人教育

第一节 高职院校的管理育人

一、高职院校管理育人的时代意义

（一）高职院校管理育人的工作特点

管理育人是育人体系中的重要内容，主要是指把规范管理的严格要求和灵活的教育方式结合起来，加强教学规章制度建设、教师管理考核以及各类管理人员能力建设，全面推进依法治教，强化科学管理对学生思想教育的保障功能，创造治理有方、管理到位、风清气正的育人环境。达到培养学生自我管理意识，强化学生自我管理能力的目的。高职院校管理工作以育人为中心，高职院校的管理，是以人为本的管理。管理的一切过程都紧紧围绕服务于人、服务于培养人、服务于促进学生成长。

当代高职院校管理育人是一个复杂多元的组织体系。整个体系中除了人这一核心要素以外，还有交错联通的中间媒介，这些媒介将管理的中心要旨进行横向和纵向的传递，帮助管理者实现管理目的。而管理信息传播的过程，会形成高职院校特有的校园文化和潜在环境，这个过程也同样对学生产生重要影响。

1. 当代高职院校管理育人更加专业

高职院校要切实强化管理育人，通过完善管理育人体系，用良好的管理模式和管理行为影响和培养学生。面对新的时代背景，管理工作已经从集体化趋向于个性化、固态化趋向于动态化、重视胜任力趋向于重视创造力，而管理媒介也紧随时代步伐，从传统的单一媒介转向多维度、多元化媒介，这就让管理工作能够渗入到更深的层次。高职院校管理本身已经深入校园的每一个角落，同时也将全面影响在校学生的生活能力、学习能力、思维能力、创造能力。从长远来看，对学生的人生观、价值观和世界观也将有着不可小觑的重要影响。快速发展的时代背景在拓宽管理维度的同时，也带来管理育人的巨大变革，意味着高职管理者对管理育人这一工作需要进行重新思考，管理体系也面临着大跨度的革新和迭代。这将需要更为专业的管理团队、管理思维和管理模式，服务于当代高职院校的管理育人。

2. 当代高职院校管理育人趋于多元

当代高职院校管理育人的多元化体现在管理对象多元化和管理模式多元化两个方面。新的时代背景下，管理的对象更具个性化特征，个体差异大，高职院校管理育人需要服务于个体多元化。个体多元化趋势和管理媒介多元化趋势必然引起管理模式的多元化变革，提高管理模式的灵活性和全面性才能更好地适应当代高职院校的管理育人。在高职院校的管理育人工作中，多元化的管理可以提升管理对象的包容性与公平感，激发工作人员的内在动力与行为，激发学生的创造性和自我管理意识。对于学校来说，多元化的管理模式有助于不断优化资源配置，实现可持续、高质量发展目标，也有助于提升学校的组织效率和创新能力，更长远的服务于育人这一核心目标。

（二）高职院校管理育人的工作内容

高职院校要坚持放管服相结合，推动管理育人的改革。当代高职院校管理育人应更重视多元体系的制度建设，以搭建管理桥梁，为管理工作的开展奠定基础；更注重全面的业务管理，以搭建管理载体，对管理工作进行全面把控；更深入细节的服务管理，以营造管理氛围，为管理工作有效性和持续性提供动力；更与时俱进的人员管理，以塑造管理者队伍，为管理工作的实施提供保障。当代高职院校管理育人的最终目的是要培养人的自我管理意识，提升人的自我管理能力。

制度建设是发挥管理育人作用的桥梁，也是管理育人可持续发展的保证。完善优化高职院校各级各类管理制度以及管理制度的多元化、可视化和可量化是管理育人工作的一项重要内容。学校章程是高职院校依法自主办学、实施管理和履行公共职能的基本准则。高职院校应当以章程为依据，制定内部管理制度及规范性文件、实施办学和管理活动、开展社会合作。以章程为中心展开的制度建设，是高职院校依法治校的核心基础，是学校管理工作运转的必要条件，更是育人工作的必要前提。

业务水平的管理和提升是管理育人的有效载体，也是管理育人灵活高效，融入校园生活的具体体现。当代高职院校业务管理应该包含课上、课下和课外三个维度。课上业务管理育人工作指的是管理者对课堂的有效管理、对教材的有效管理以及对教学方法的有效管理；课下业务管理育人工作是指管理者对实习实训的有效管理；课外业务管理育人工作则包含管理者对学生思想健康、身体健康和心理健康的有效管理。坚持培养德智体美劳全面发展的社会建设者和接班人，要求当代高职院校管理者需要对管理对象做到全面、深入的管理，从而影响和引导管理对象在德智体美劳各个维度的健康成长。

服务管理是管理育人工作有效开展的保障，是营造管理育人氛围的摇篮。当代高职院校管理育人工作是以人为本的管理工作，要突出被管理者的本位，做好服务工作，倾听服务对象的多维度诉求，同时发挥制度的制约作用。服务管理是当代高职院校管理工作的革新需求，要进一步加深对服务的内涵解读和拓宽对服务的横向认识，结合好管理工作的实际，推动服务工作创新，同时也是将管理工作的本质推向服务于人、服务于培养人的路径上来。

对管理者的管理是管理育人工作队伍的建设，是管理育人工作的活力源头。高职管理者在学校的决策执行和组织实施等方面有着重要作用，管理者的管理能力对当代高职院校顺应时代发展以及开拓创新起着重要的决定性作用。管理者综合素质的提升是学校内部管理科学化发展的核心引导。从高职院校管理者的角色定位出发，管理者需要具备较高的思想站位、过硬的管理素质、较强的管理能力和对细节的把控能力，具备与岗位相匹配的综合素养，推动高职院校的管理向先进的、适应时代要求的方向发展，形成高效的、高水平的管理者队伍结构。

管理育人的最终目的是培养人的自我管理意识和自我管理能力。新的时代背景下，社会发展速度加快，各行各业都进入大跨步发展时期，高职院校的被管理者作为应用型人才，在这个时代背景下被要求具有更强的自我管理能力。除了学习专业技术知识和具备实操能力以外，在未来的生活和工作过程中还需要良好的自我管理意识帮助其实现自我价值和社会价值。管理育人的使命是服务于育人，高职院校内部管理者和各个机构组织应当形成共同认识，合力营造自我管理的良好氛围，加强对文化素养的培养和传递，帮助被管理者塑造自我管理意识，锻炼其自我管理能力。

（三）高职院校管理育人内涵建设

当代高职院校应根据学校发展实际将管理育人工作的作用有效展现和发挥，加强被管理者的思想教育，辨清管理育人工作的本质和内涵，革新和完善管理育人思路和体系，把思想教育贯穿始终，并将其可持续性和可创新性作为长期的工作机制。厘清管理育人工作的管理者、被管理者、管理媒介和管理目标的关系，使各个板块有机结合，是认识管理育人内涵的有效途径。

当代高职院校的管理育人工作要坚持外在管理与自我管理相结合，要坚持目标管理和过程管理相结合。学校要重视校园环境的打造，基础设施设备的与时俱进，为管理者和被管理者提供良好的成长氛围。重视制度建设，促进内外部相关组织的科学联动，为管理育人信息有效传递提供可参考和量化的标准。要做好服务工作，服务于育人、服务于立德树人。通过外在管理的有效实施，提升和培养管理者和被管理者的内在认知和内在成长。将立德树人作为核心目标，在管理育人工作过程中进行目标分化，将育人目标融入管理育人的整个过程。

二、创新当代高职院校管理育人方法

当代高职院校要实现立德树人的根本目标，就需要从全局着手，积极整合管理育人的各个环节，充分发挥制度管理、载体管理、服务管理和自我管理这几个方面的协同作用，这样才能够真正坚持正确办学方向，大力提升高职院校教育管理的效率和办学的实力。

（一）夯实制度建设

学校的制度文化是办学的基本保证和可持续发展的基础，科学规范的管理制度更能激励教职员工在科研活动、教学任务、自我管理上保持更多的积极性和主动性，进而提升学校的办学实力及水平。高职院校的制度体系包括基本制度、一般制度、具体制度三个内容层面。目前的制度建设中主要存在教学科研制度、内部控制机制两方面的问题，而在程序上，大多存在忽视章程制定、轻视制度文化、忽视制度执行、缺乏制度评价等问题。

1. 教学科研制度建设

教学科研督导是学校管理教学质量和科研质量的重要手段，学校应完善督导人事制度、加强督导人才队伍的建设。目前大多数高职院校对教学科研督导的重要性认识不够，相关研究薄弱。对于督导，部分高职院校采用任命的方式，整个过程较为主观，考核也流于形式，甚至缺乏考核机制。而在督导人才队伍的建设中，学校应注意结构的合理性，开展系统的上岗培训。

教学科研督导在日常工作中，应注意三个方面的问题：一是对学校办学定位、专业人才培养方案、课程体系以及课程作业等教学工作目标的督导；二是对包括师资队伍建设、教材以及教学设施等教学条件的督导；此外，应注意学生教育管理工作与教学工作不能"割裂"，应当理顺工作运行机制和沟通协调机制，注意与被督导对象交流和探讨，形成良性的督导关系。

2. 内部控制机制建设

内部控制是学校治理的重要组成部分和完善学校治理结构的重要保障。学校制定经教育主管部门审核的以章程为核心的系列制度作为自我管理的"宪法"，起到统领全局的作用。内部控制可以通过制衡机制促进内部治理结构的完善。推动决策机制、执行机制和监督机制的合理运行，是推动高职院校内部控制机制改革的良好趋势。

完善制度体系的建设，一方面要做好制度的顶层设计，全面厘清制度建设的内涵，贯彻落实教育方针和育人要求，完善规章制度，形成多元化、可视化、可量化的具备系统性和规范性的制度体系。另一方面要梳理各个环节的工作内容，按照工作性质和工作目标制定考核办法，形成内在的自律公约，认真履行工作任务，优质完成管理工作。最后形成管理说明书和任务考核说明书，提供标准化的行动指南，夯实制度体系建设，搭建好管理的桥梁，发挥管理育人的作用。

（二）细化业务管理

新的时代背景下，教育被赋予新的发展要求和内涵，教育改革也应有新理念、新特征、新模式和新使命，创新发展是新时期高职学校教育的重点，教学整改则是教育质量保障的必然选择。

1. 完善教学管理

高职院校为社会培养生产、管理和服务等相关领域的技术型人才，因此在教育目标的制定中，要以就业为导向，要注意符合社会的发展要求、结合学生的发展需求，以培养高技能人才为目标，同时注重学生职业道德和职业能力的培养、注意学生身心健康。教学目标是指导、实施和评价教学的基本依据，因此，在选择教学内容时，必须符合教学目标，使之能切实可行地展开相关的教学活动。

在教学方法上，传统的教学模式已无法满足当代的教学需求，高职院校应更多地引进现代教育技术进行教学，适应时代发展。整体而言，大多高职学生的理论成绩相对薄弱，学习兴趣相对较低。在平时的教学活动中，要注重引入现代教育技术，以多媒体技术、远距离通信技术、计算机技术、网络信息技术等为依托，将有声有画的信息运用于教学过程中，用微课、虚拟仿真、翻转课堂等教学模式来激发学生的学习兴趣，调动其参与的积极性，以期达到教学效果的最优化，实现学生主动学习。

2. 完善实习实训管理

高职教育以就业为最终导向，实习实训是学生成长的重要环节，不仅能有效锻炼专业技能，还能缩短最终就业时的磨合期。但学生实习地点多为校外企业，通常实习时间跨度长，且地点分散，在管理上需要教师及学校管理得当。

对于高职学生的实习实训，可通过四个方面提高效率：一是学校和企业共同制定课程体系，让专业核心课程与工作岗位的核心技能对接；二是采用企业培训授课模式，在实践教学中把企业"真实项目情景"引入教学中来；三是建立校企合作研发机构，将研发机构设在学校内，由学校提供场所，企业定期选派技术人员进行指导；四是建设"双师"型师资队伍，定期选派学校教师到企业锻炼，教师在不影响本职工作的同时参与企业项目，锻炼成实践与理论并行的优秀教师。

3. 完善学生管理

学生思想和心理健康、身体健康的有效管理是高职院校的重要环节。身体问题可通过完善校医院解决，而当代学生的心理问题趋于多样化，由于互联网技术的巨大冲击，学生之间的信息甄别能力差异巨大，不同学生应对不同信息和不同压力的处理方法更是千差万别。对此，学校应将心理咨询与思想教育相结合，必要时邀请专业的心理教师或咨询师为学生服务，关注并解决学生的心理问题，加强思想教育工作，帮助学生树立正确的人生观、世界观、价值观，促进学生健康成长成才。

（三）深入服务管理

从管理学来讲，管理与服务有其同一性，深化服务管理改革，创新改进高职院校的服务管理工作模式，对提高学校教学质量和科研水平有重要的意义。

高职院校要深化服务管理改革，必须要完善管理体系和提高管理能力，可以从四个方面入手。一是要建立服务师生的制度，包括创新服务制度和完善民主制度，在刚性制度约束和健全有效的工作保障机制的双重作用下，服务型组织才能有效建立。二是确立服务师生的理念，在服务过程中，为广大师生提供高质量和高效率的服务，加强与师生之间的交流与沟通，积极听取意见和建议，关注其反映的问题，充分尊重教师在教学和科研工作中的付出，使教师主动自愿地参与学校工作，调动积极性、能动性，建立主人翁意识。学校的教育管理和教学活动以学生为中心，尊重学生，以学生的发展为出发点和落脚点，满足其个性化发展需求，促进学生的全面发展。三是建立健全服务机制，其中包括师生诉求办理机制、品牌服务创建机制、共同服务机制、服务保障机制、服务测评机制。通过这些服务机制，评价服务的完成程度和完成质量。四是明确服务建设标准，有充裕的服务经费支持、有丰富多彩的服务载体、有师生满意的服务成效，高职院校服务型组织的服务对象是师生，师生是否满意是衡量服务管理是否成功的标准。

（四）实现自我管理

管理育人的最终目标就是培养自我管理能力，最终实现被管理者对自身的思想、心理、目标、行为等表现进行管理。自我管理是对自我的意识觉醒和自我能动力的有效把控，也是对掌握自主权的激励，从而实现自我价值的过程。自我管理要求管理者做到全面的自我认知和自我反思，通过目标计划与目标实现的过程提升自信和内在驱动力。新的时代背景下，高职院校被管理者的自我管理能力应该包含学习目标的自我管理、发展目标的自我管理、思想健康的自我管理以及身心健康的自我管理。

1. 对自我的管理

通过培养被管理者对自我的认识和对自我的全面评价能力，提升其自我意识。自我意识的提升能够帮助被管理者对自我完成清晰定位、对发展目标进行有效规划以及清楚地划分自我与他人的差异，通过差异化认知能力的提升，提高其多角度思考问题、解决问题的能力。通过自我评价和自我认知的过程，同样能够帮助被管理者发现自身的特点优势，挖掘潜能，合理地提升自我信心。基于自我认识的基础，还需要培养被管理者在道德方面的自我管理，使其具备优良的道德品质，真正达到立德树人这一教育的核心目标。

2. 对发展的管理

基于被管理者对自身的正确认识的前提下，还需要重视对自我发展规划的有效管理。对发展的管理往往包含认知、分析、计划、执行、检验五个可循环的环节。人往往是在不停地前进过程中成长和积累的，这个过程应当被包含在被管理者的日常学习、生活中，使之成为习惯并一直持续。对个人发展进行管理有利于刺激被管理者对新知识的热情和兴趣，激发其对新兴领域的好奇心，培养创新性思维和创新动力。

3. 对生活的管理

良好的生活习惯是身心健康的必要条件。需要培养被管理者对日常生活的管理能力，身心健康是使其能够进行有效自我管理、自我规划和自我实现的前提。组织健康活动、培训健康知识，加强被管理者对健康的重视，同时采取关爱自身健康的相关行动，有利于被管理者养成良好的生活习惯。营造健康生活的氛围，传递正能量，有利于被管理者将良好的生活习惯持之以恒地坚持下去。

心理健康也是生活管理的重要内容之一。培养被管理者对情绪的调整能力和保持乐观向上的心态有利于其心理健康发展。组织心理健康的活动，帮助被管理者树立对心理状态的正确认识，使其能以正确的方式和包容的心态面对自身的情绪变化以及随之产生的心理变化。

树立良好的时间观念和金钱观念也是生活管理的重要构成部分。通过对时间的设定，合理安排被管理者的日常生活，可以帮助其形成良好的生活习惯以及较强的时间管理认识和时间管理能力。良好的金钱观是树立优良生活作风的重要基础，管理者需要通过组织活动、开展主题教育以及传递经济知识来帮助被管理者形成正确的金钱观和消费观，防止错误的金钱观念带来的损失，使被管理者形成良好的消费习惯。

三、培养优秀的当代高职院校管理者

高职院校管理育人工作是以人为本的管理育人。在管理过程中要从现实的人出发，充分激励和关心被管理者，使人与人、人与学校成为共同体，刺激内在动力，这是当代高职院校管理者需要思考和进行的一项长期工作。

（一）提升管理者管理思想

提升管理思想，同时也强调对思想的有效管理，这不仅仅是完成管理工作的方式，也是对管理者和被管理者本身的尊重以及引导，为管理者和被管理者塑造信心。在以人为本的管理过程中，管理者与被管理者之间的互相尊重，使在校工作的每一个人对学校产生认同感，对学校的高质量发展有共情感，自觉服务于学校发展，成为推动学校发展的一分子，从而增加工作积极性。

其一，在管理过程中要重视管理者和被管理者的思想诉求，使管理者和被管理者在管理育人工作过程中有话语权。尊重各方面的需求，强化他们的参与感，使其获得最大程度的发言权，有利于管理者和被管理者的有效合作。另一方面，要提供优质的培训和有效的管理手段，发展和完善管理者和被管理者的思想和格局。以人为本的管理育人要重视人的全面发展，这意味着，除了要对管理者和被管理者进行业务、能力培训以外，思想培训也尤为重要。不仅要通过提升思想来更好地完成管理育人工作，还要将思想的提升和发展本身作为管理者和被管理者的目标追求。通过组织沙龙、培训、素质拓展等活动，直接或间接地影响管理者和被管理者的思想，使其发展成全面、优秀、复合型的人才。

其二，对管理者管理思想的多维度建设。一方面要重视高职院校管理者思想素质的培养，使其获得更加坚定的立场和信仰。加强对管理者的思想培养，有利于管理者获得思想自信。最为重要的是，管理者的思想提升将直接影响被管理者的思想提升。另一方面，重视高职院校管理者道德思想培养，在遵守社会道德规范的同时影响被管理者道德思想。具备高尚的道德思想对管理育人工作有着重要意义，开展价值观学习、建设管理者的正确价值观是当代高职院校管理育人的核心思想之一。在道德规范的学习过程中，管理者和被管理者通过自我评价和自我成长，养成自觉遵守道德标准的习惯，升华和夯实自身的道德思想。与此同时，要建立多维的、包容的思想格局。综合思想的培养是基于道德思想之上的，在树立正确的思想基础之后，更需要具备多维度和全方位的思考能力和对新事物的包容能力，而这样的能力是通过培养管理者综合思想才能得以实现的。综合思想同时也利于管理者对被管理者的包容和引导，利于高职院校校园文化的兼容性和开拓性发展。

（二）提升管理者管理素质

当代高职院校管理者素质主要体现在管理者在履行管理工作过程中应该具备的基本要素。基于不同学校的办学定位、办学理念和办学特色，衍生出不同的管理体制，对管理者素质的要求也不尽相同。学校应针对实际情况，对管理者素质做出相应要求。

1.培养管理者敬业素质

高职院校管理工作是服务于人的工作，管理者是学校的服务者，是为教学事业、科研事业、学生学习提供优质有效服务的主体。高职院校管理工作具有多元性、开放性、务实性、复杂性的特征，需要管理者尽职尽责、精益求精，还需要管理者在履行职责的过程中做到细心和耐心，要做到管理工作的人性化考虑、科学化规范、合理化实施。管理者必须要具备高度的责任意识，在管理过程中保持高度责任心，对被管理者和组织负责。新的时代背景给高职院校带来机会与挑战，对高职院校管理育人工作有着重要要求，管理者需要具有发展意识和革新意识，加强专业领域的学习和认知领域的拓宽，紧跟时代发展的步伐。

高职院校管理者需要具备良好的沟通能力，做好上传下达的信息流通工作，做好各个层面的沟通协调工作，使管理思想的横向传递和纵向传递顺利进行，凝聚全员思想和催生内在动力。管理者需要具备良好的工作作风，并使之成为一贯的管理态度与管理行为，从而保证管理的效果。

2.提升管理者身心素质

高职院校的管理育人工作是繁重的，这需要管理者和被管理者具有良好的身心素质。身体健康和精力充沛是管理者开展管理工作的基础条件，定期开展身体素质提升计划和室内外活动，增强管理者和被管理者对身体健康的重视，有利于提升身体素质，从而提高工作效率。良好的心理素质有利于管理者和被管理者迎接当代高职院校大跨度提升发展带来的挑战和工作压力。建立心理健康养护机制，营造良好的工作氛围，塑造管理者和被管理者稳定、乐观、积极向上的心态，锻炼坚强的意志品质，有利于提高管理者和被管理者的协调能力，帮助其克服工作困难。

（三）提升管理者管理能力

时代的发展使高质量的管理能力成为高职院校发展的迫切需求。管理者管理能力提升的关键在于管理专业水平的提高。高职院校管理者能力提升也是管理育人工作开展的基础，在聚焦学校管理者和被管理者思想素质的过程中应该着重提升管理者的管理专业水平。

基于对管理者专业化的理解，高职院校管理者管理能力提升需要从三个方面做进一步思考：一是提升管理者的职业资格和教育要求，以及对管理者的个人能力进行可持续培养；二是明确管理者的角色定位，让管理者的能力可以作用到校园管理层面上来，让管理育人的工作持续推进，可以在行之有效的方法上明确如何拓展工作思路；三是提升管理者对综合信息的分析、归纳和判断能力，使其具备优秀的引领和开拓能力。

1. 提升管理者专业精神

高职院校管理者要树立新的管理理念，提升自我的专业精神。高职院校的管理是一项多元的、开放的、务实的、复杂的工作，管理理念和管理者的专业水平直接影响其可持续和高质量发展。在这个背景下，管理者更需要具备敢作为、勇担当的管理思想，在复杂多元的管理工作中开拓新路径、接轨新理念，保持勇于创新和接受挑战的活力。坚持以"信念坚定、为民服务、勤政务实、敢于担当、清正廉洁"为标准建设管理队伍。

2. 提高管理者专业能力

当代高职院校的发展是机遇与挑战并存的。顺应时代发展和积极迎接挑战就要求高职院校管理者具有完备的知识体系和优秀的管理专业能力。时代背景促进各个领域的拓宽，任务分工也日趋复杂。高职院校作为应用型人才培养的摇篮，面对当代各行业的大跨步发展，需要对内部管理体系进行更高标准的要求来接轨行业的快速变化。管理者的传统化管理思维将受到巨大冲击，革新管理思、维夯实业务能力，不断以创新的管理知识体系应对行业发展是管理者专业能力提升的核心驱动力。这就需要高职院校管理者加强专业知识的学习，研究高职院校发展以及革新的特点，同时提升促进学校发展的综合规划能力和对重大问题的决策能力。更新知识结构、拓宽行业视野和加强实践探索是提升管理者专业能力的有效途径。

3. 优化管理者结构

高职院校管理者需要以辩证思维看待新的时代背景下促进高职院校发展的问题，

做好学校的决策人和推动者。适应时代的发展，开拓新的成长路径，应对高职院校面临的发展挑战，对高职院校管理者的结构提出了高要求。需要管理者基于学校的现状和发展定位以及学校的办学理念和办学特色调整管理者角色定位，细化任务的同时要明确各个岗位的职责，严格实施学校管理者的专业水平考核。构建年龄分层合理、技术能力过硬的管理者队伍，凝聚内在力量，激活管理结构。

4.提高民主化水平

新的时代背景推动高职院校不断革新内在机制，提升民主化水平。管理队伍的建设是高职院校人才队伍建设中的重要部分，需要基于学校的发展规划，把管理队伍建设作为推动学校可持续高质量发展的重要工作任务。学校要发挥好管理机构的功能，以及职工代表大会、学术委员会等的作用，拓宽意见和建议的源头，坚持科学、民主、依法作出学校的发展决策，推动学校全面发展，要优化内在组织结构，保证管理育人工作的有效开展。

第二节　高职院校的文化育人

一、加强学校文化育人

高职院校的学校文化是在长期发展过程中，通过师生的教育实践逐步形成的，具有高职教育特质的学校精神和物质成果总和。育人是高职院校的根本任务，办学校就是办文化。文化是一所学校的灵魂，是学校发展之根，先进的学校文化将使大学生一生受益。大学文化具有导向、规范、熏陶、传播、识别以及激励与约束、传承与创新、团结与认同等功能，在人才培养、学校发展中均具有重要的作用，具体表现在：对教职工具有凝聚、激励作用，可增强教师凝聚力；对学生具有熏陶、规范作用，可产生潜移默化的影响；对同类院校具有导向、借鉴作用，可提高学校的美誉度；对社会具有示范、影响作用，可提高学校的认可度。高职院校文化建设的过程，是学校精神、办学理念、人才培养理念、教学理念的形成过程和实践过程，也是厘清学校发展思路、培养一线高素质技术技能人才的过程。

（一）构建一流校园文化

加强学校文化建设，实现思想引领，是高职院校需要面对的时代课题，是坚定文化自信的必然选择，是加快推进教育现代化的现实需要，是实现立德树人的本质要求，更是提升学校办学水平的必然选择。

1.坚定文化自信的需要

文化自信是更基础、更广泛、更深厚的自信。没有高度的文化自信，没有文化的繁荣兴盛，就没有民族伟大复兴。青年学生处于价值观形成的关键时期，在学校中要度过的是一生中最重要的时光，如何坚持以文化人、以文育人，强化思想引领，切实增强文化自信，是摆在高职院校面前一项重大而紧迫的时代课题。高职院校只有充分发挥自身的作用，以推动学校文化建设为载体，大力弘扬优秀文化，才能更好地实现传承精神文明、传播优秀文化、引领先进文化、培养并向社会输送优秀人才的使命。

2. 适应教育教学改革的需要

职业教育与普通教育是两种不同教育类型，具有同等重要的地位。当前，高等职业院校进入快速发展阶段，已占据高等教育的半壁江山。但有的高职院校只重视硬件建设，不注重文化内涵建设；有的高职院校办学历史不长，文化积淀不深，文化底蕴不厚，文化品味不高；有的高职院校文化建设走入了复制"大学文化"的误区，缺乏自身特色。职业教育旨在培养高素质劳动者和技术技能人才，发展职业教育，从个人层面来说，是让人人都有出彩的机会，从国家层面来说，是培养合格建设者和接班人，他们不仅需要掌握一定的专业知识和技能，更要具备高尚的道德情操、良好的人文素养。加强学校文化建设，有助于营造良好的育人环境，进一步提高人才培养质量。因此，学校教育教学各个环节不仅要重视知识和技能的传授，更要重视对学生的文化熏陶。

3. 打造特色高水平院校的需要

高水平高职院校必须立足国情，适应社会发展，具有鲜明的特色，包括行业特色、区域特色和高职特色，尤其是学校特色，这一特色也同样体现在文化特色上。学校文化是学校软实力的重要体现，是学校生存发展的精神支柱。高职院校要办出自己的特色，办出自己的水平，打造一流学校，必须建设具有自身特色的优秀学校文化。通过文化建设，展现学校办学底蕴，赢得师生对学校的认同，提升学校在社会中的竞争力和知名度。

4. 促进大学生全面发展的需要

学校文化建设是高职院校培育优良校风、优化育人环境的重要途径和手段，是促进学生全面发展的丰厚土壤，也是加强和改进大学生思想工作的重要载体。加强学校文化建设，有利于大学生通过文化知识的学习、文化环境的熏陶、文化活动和社会实践的锻炼，以及人文精神的感染，升华人格，提高境界，振奋精神；有利于大学生开阔视野，活跃思维，激发创新创业灵感，为他们学好专业以及今后的发展奠定坚实的文化基础和深厚的人文底蕴；有利于培养基础扎实、知识面广、实践能力强、综合素质高的优秀人才。可以说，加强学校文化建设，从更深的层面和更综合的角度体现了德智体美劳全面发展的要求，是全面进行立德树人的重要举措。

（二）构建校园文化育人体系

1. 具有高职特色的精神文化

这是高职院校在长期的教育实践过程中所创造和积淀下来并为其师生员工所认同和遵循的文化传统、价值观念、道德情感、人生态度和办学理念，包括校训、校风、学风、教风等内涵。要深入挖掘学校的办学历史和文化积淀，以校训、校风、学风、教风等为核心，融合先进文化、优秀传统文化、革命文化、地域文化以及现代大学精神等文化元素，进一步凝练形成学校核心办学理念和学校文化体系，丰富提升学校文化内涵。广泛开展爱校教育，引导学生了解校情、牢记校训、学唱校歌、佩戴校徽、使用校标，增强高职大学生对学校的文化认同和情感认同。

2. 具有高职特色的制度文化

这是在学校章程引领下各项规章制度所包含的文化形态，是与大学精神相适应的发展战略、管理政策、领导体制、组织体系以及关于行政、人事、教学、科研等的管理制度和行为规范的总和，是学校办学思想和管理理念、管理体制、管理模式的集中表现，反映和体现着学校文化的发展水平。要始终坚持和完善管理机制，建设现代学校制度体系，健全科学决策、民主管理机制，完善学校内部治理结构，确保学校形成公平、民主、法治的制度文化。要强化制度的落实与执行，加强学校各项规章制度的宣传教育，使广大师生的法制观念和制度意识不断增强，进而内化为自觉的行为规范和习惯。

3. 具有高职特色的行为文化

这是高职院校师生员工在教育实践过程中产生的活动文化，是学校作风、精神风貌、人际关系的动态体现，也是学校精神、学校价值观的折射。大学生行为规范、大学生校园活动等反映着行为文化的内涵。要精心设计文化活动，使大学生在活动参与中思想感情得到熏陶、精神生活得到充实、道德境界得到升华，从而增强爱国意识、集体意识、法治意识、社会责任意识。要加强校园文化活动的制度化、规范化、常态化、特色化，引导青年学生开展丰富多彩的校园文化活动，精心打造活动品牌，形成"一校多品、一系一品"。要深入开展文明校园、文明单位、文明宿舍、文明餐桌等创建活动，努力加强精神文明建设。

4. 具有高职特色的物质文化

这是高职院校硬件设施环境所包含的文化形态，是学校文化的外在体现。其包括校园布局、楼宇建设、园林绿化、文化标志、设施构成等。要重视提高学校物质建设的文化品位，根据教育特点、区域特点、时代特点，吸纳优秀文化的精华，科学规划，合理布局，在建设规范化、标准化的基础上，形成自己独特的文化风格。要将人文特色文化元素积极融入以绿色、节能、低碳为标志的生态大学建设中,使学校建筑、校园景观、一草一木都充分体现出校园精神文化气质,进一步丰富校园文化内涵。要充实完善校史馆、图书馆、博物馆、体育馆等文化场馆,展示学校办学理念和办学成绩,利用场馆和校史资料,对师生加强校史校情教育。要制作视觉识别系统,统一设计学校宣传形象,规范校园文化标识使用,彰显学校传统、精神、风格与特色。

5. 具有高职特色的教学文化

这是高职院校在"教与学"活动中产生的文化,是学校文化建设的主体。高职院校学校文化的根本特色是由其培养目标决定的,教学是学校各项活动中的主体活动,教育教学、科学研究、社会服务等活动是学校文化的重要组成部分与主要内在体现。了解教学文化使我们知道高职院校如何"教"、如何"学"。要坚持学校办学传统和服务定位,紧紧盯住产业需求,牢牢贴近一线服务,构建产教融合、校企合作的长效教学机制。要不断更新教育理念,坚持以学生为根本,实施人才培养模式改革,构建高职院校特色专业文化、教师文化、课程文化、实训文化、教学文化,在"教与学"的过程中把学生培养成为社会需要的优秀人才。

6. 新型的育人理念和文化模式

这不仅包含了教师在教学过程中向学生传授前沿的科学技术知识、科技创新成果、科研经验和科研方法,更重要的是通过吸引和鼓励大学生参与科研任务,引导其在科研工作环境中开展自主性学习,积累科研工作的实践经验,以激发学生的创新精神、培养学生的创新创业能力。作为高等教育的重要办学类型,高职院校同样要重视科研工作,强化科研应用和转化,为企业解决技术难题,要创设条件为师生开展科研工作提供场地、人员、资金、制度保障,鼓励师生参加高水平技能竞赛,使学校形成浓厚的科研氛围。

7. 优化思维方式、学习方式和价值观念

网络文化在推动大学文化建设和大学精神培育的同时,也给大学生的生存发展带来了新动向,对网络思想教育提出了新挑战。要适应网络时代要求,不断丰富网络文化内容,建设融思想性、知识性、趣味性、服务性于一体的网络内容,为大学生学习生活提供全面、优质、高效的服务。要加强领导,多部门协同合作,提高校园网络文化管理服务水平和网络舆论引导能力,大力推进网络文化队伍建设,用完善的体系实现校园网络文化的育人功能。要注重积累,推进学校门户网站和专题网站等平台建设,加强传统媒体和新媒体等多平台融合发展,实现校园网络文化的育人功能,讲好学校故事,传播学校声音,展示学校形象。学校文化无处不在,教师文化、宿舍文化、管理文化、廉政文化、安全文化等都具有重要的育人作用,高职院校应结合自身实际,寻根植源、以人为本、讲求实效、突出特色,强化文化建设

与研究，以高度的文化自觉将文化建设作为一项长期战略任务来完成，让文化育人真正落到实处，取得实效。

（三）培育和践行正确价值观

培育和践行正确价值观，要着力培养担当民族复兴大任的时代新人，加强大学生爱国主义、集体主义教育，加强和改进思想工作，大力弘扬民族精神和时代精神。要发挥思想理论课和其他人文课程的主渠道作用，深化思想理论课程改革，开足开齐人文和德育基础课程。要梳理挖掘各门专业课程所蕴含的思想教育元素和所承载的思想教育功能，优化课程设置，修订专业教材，完善教学设计，加强教学管理，推动课程教学改革。要紧扣各高职院校的办学特点，将正确价值观融入校园文化、实习实训、社会实践、党团建设、社团活动、新媒体等多种育人途径，营造培育和践行正确价值观的浓厚氛围。要注重全方位贯穿、深层次融入，在落细落小落实上下功夫，从身边做起，从小事做起，充分挖掘学校发生的好人好事和先进典型，运用师生喜闻乐见的方式宣传展示出来，使广大师生真正将正确价值观内化于心、外化于行。

二、提升企业文化育人

高职教育以促进就业和适应产业发展需求为导向，旨在培养高素质劳动者和技术技能人才，这就决定其必须依托行业企业办学，深化产教融合，走"工学结合、校企合作"之路。高职院校办学特色不仅体现在专业特色、课程特色、服务特色等方面，还体现在学校文化等内涵建设上。因此，推进企业文化进校园，不仅能够丰富高职院校学校文化的内涵，还能彰显高职院校的办学特色。

（一）校企文化对接的必要性

校企文化的有效对接，能够做到从社会发展和学生实际出发，坚持以就业为导向，有效提高学校职业教育竞争力，更好地培养技术技能型人才，促进教学模式和教育管理制度的改革创新。

首先，从高职院校的定位看，高职院校要完善职业教育和培训体系，优化学校、专业布局，深化办学体制改革和育人机制改革，以促进就业和适应产业发展需求为导向，鼓励和支持社会各界特别是企业积极支持职业教育，着力培养高素质劳动者和技术技能人才。企业一线需要的技术技能人才，是高职院校的办学定位和人才培养定位。校企文化的融合正是提高学校职业教育竞争力，保证其办学定位和人才培养定位的必由之路。一方面，融入企业文化可以提升自身办学水平和人才培养质量，形成自己的办学特色；另一方面，文化的融合，使校企在价值取向方面达成一定共识，有利于学校全方位地深化校企合作，更好地为产业需求和地方经济社会发展服务，做到"当地离不开、行业都认可、国际可交流"，从而提高职业教育竞争力，确保产教融合校企合作育人顺利进行。

其次，从高职院校人才培养目标看，高职院校人才培养目标是技术技能型人才，企业是吸纳毕业生就业的主体，企业生产第一线需要什么样的人才，高职院校就通常需要培养什么样的人才。他们不仅要有过硬的专业技能，还必须具备深厚的文化素质，能够提前适应企业文化，理解企业文化。校企文化的融合从根本上为两者合作育人奠定了基础，有效提升了学生的职业素养与职业能力，实现了知识育人与道德育人的有机统一。学校必须深化校企合作，将企业文化引入校园文化，有计划地体现在教育、教学与管理等人才培养过程中，这有利于提高学生的企业适应力和岗位适应力，有利于提高学生的职业认同和职业素养，有利于提高学生的核心竞争力和持续发展能力。

再次，从高职院校专业和课程设置看，高职院校原则上每五年修订一次专业目录，学校依据目录灵活自主设置专业，每年调整一次专业。高职院校实践性教学课时原则上占总课时一半以上，顶岗实习时间一般为六个月。高职院校要基于产业需求和毕业生就业岗位导向，重新审视和规划自身的专业设置与课程设置，必须紧紧围绕行业企业的需要来进行，特别是要加强与企业的联系，要加快教学模式和教学管理制度等的改革创新，及时将新技术、新工艺、新规范纳入教学标准和教学内容。

最后，从高职院校学生就业岗位看，以就业为导向，注重培养实用技术能力，是当代高等职业教育与时俱进的时代要求。高职院校与企业的联系远远超出了普通高校，它的办学理念要求要将企业工作岗位作为最重要的教学内容，各项教学活动不但要与企业需求相联系，更要组织学生深入具体企业，进行实习、实训、岗位认知，通过工作岗位的实际操作，来实现对工作岗位的适应，因为他们最终要走向与专业相对应的企业岗位，这就必然要求高职院校的学生要了解和适应企业文化，要树立企业员工意识，即在校期间就要以企业员工的标准来要求自己，以便上岗后能够尽快融入企业。

（二）校企文化对接的实现方式

实现校企文化的有效对接，要加强教育教学改革，使企业文化更好地融入学生的学习实践，给学生提供更广阔的实习机会和平台，同时要在校园环境建设中增加企业文化元素，让企业文化真正与校园文化相融合，给予学生潜移默化的影响和浸润。

1. 将企业文化引入课堂教学

课堂教学是企业文化引入的主要方面，要加强课程教学改革，建立高职特色的课程文化，使校园文化与企业文化的对接在人才培养方案、教学计划、教学大纲、教学内容、教学方法、课程标准等教育教学各环节方面都得到充分体现。要将职业标准、行业规范和企业文化融入专业人才培养方案和课程标准制订过程中，引进企业先进的管理理念和制度，将企业提倡的敬业精神、团队观念、安全意识、成本意识、质量意识、管理理念等内容融入课程教学中，塑造企业化校园文化，培养出现代企业认可的高技能人才。要在学生顶岗实习实训的内容中增加对企业文化素质教育和训练的内容，并以此作为实现学校与企业在企业文化素质教育中直接对接和双向贯通的重要桥梁。要加强"双师型"教学团队建设,确保专任教师到企业实践锻炼落到实处,建设一支由行业企业专家和技术能手组成的兼职教师队伍,定期邀请企业管理人员、优秀校友来校举办讲座、报告会,宣传企业文化。

2. 使学生理解企业文化

高职院校要根据企业的人才要求对学生进行有针对性的职业教育,要有目的、有规划、有组织地增加在校学生对企业文化的了解与认知,通过定期邀请企业管理人员到学校宣讲企业精神、企业文化,创造学生与企业直接对话的机会,增强学生对企业文化的亲近感,提高他们的综合素质和能力,缩短岗位的磨合期,从而使学生在毕业时拥有较强的就业竞争力。要创造条件让学生走出去,通过岗位认知、社会实践等途径引导学生深入企业一线,把学生放到相应企业去实习,进行毕业设计,以感受企业文化的内涵及要求。近年来,很多高职院校开展了"在校学生就业岗位体验活动",组织学生通过参观学习、跟岗实习、座谈交流等多种方式进行岗位体验,了解企业的运作模式、对人才综合能力的需求,体验企业文化和环境、职业发展路径等,引导学生树立正确的就业观念,使学生充分了解行业、认识企业、熟悉岗位。除此之外,学校在实习实训中可以增加一个专门的项目——学习和了解企业文化,这样切身的感受和有意的把握就会使学生对企业文化有一个较为深刻、具体的了解和体会,并把这些体会的内容融入今后的学习和工作中。

3. 将企业文化融入校园活动

高职院校要注重吸收企业文化和企业精神,校园内的各种生活和文化设施、校园环境以及实习实训基地建设都应渗透企业文化,特别是要注重从优秀的企业精神中汲取营养,丰富高职校园文化。要拓宽校企合作深度和广度,开展订单式培养,举办企业进校园、校企联合开展技能大赛等活动。要大力宣传展示合作企业、企业家名言、优秀校友等,在校园环境建设中增加企业文化元素,设立企业文化长廊、企业文化园,以合作企业名称命名校园楼宇、道路、广场等。要与企业共建实验室和实习实训基地,在实习实训基地建设中突出职业文化特色,将教学环境设计为教学工厂模式,按照企业真实工作环境设置管理机构和组织机构制定管理制度等相关细则,同时将企业文化中的创业精神、职业道德、团队精神等开辟宣传栏进行展示,将制度文化中的管理制度、员工行为规范等制成标牌展示,营造出真实的职业氛围和环境,使学生在实践中接受现代工业精神的熏陶和严格的职业素质教育。

第四章　高职院校学生的心理及创业教育

第一节　高职院校心理健康教育

一、创新心理健康教育方式方法

（一）建立健全组织机构

高职院校建立健全组织机构应该设立心理健康教育专门机构，构建行之有效的工作体系，建立网络长效运作机制。

1. 设立心理健康教育专门机构

当代高职院校要切实开展好心理健康教育工作，设置专门的心理健康教育机构，统筹、规划和管理整个学校的心理健康教育工作。目前大多数高职院校均是通过在学生工作部（处）下设科室的方式设置心理健康教育机构，隶属于学生工作部（处）且受该部门领导和管辖。还有一部分高职院校的心理健康教育机构归思想教育相关部门管理。但仍还有少数高职院校尚未设置专门的心理健康教育机构，仅是配备了专职心理老师，将心理老师作为工作人员放置在学生管理部门。将心理健康教育机构专门设置成一个独立部门的高职院校更是凤毛麟角。由于各高职院校心理健康教育机构在管理级别、隶属关系上的不同，各高职院校的心理健康教育工作在权限划分、决策模式、运作体系上存在着较大的差异。因此，高职院校要设置一个相对独立的心理健康教育机构，切实做到统筹规划，在学校和社会的推动下，成为推动学校心理健康教育整体发展的一股力量。

心理健康教育机构的主要职责应明确为统筹规划和管理整个学校的心理健康教育工作，依托"四位一体"的工作格局，统筹、调动学校各方力量，全面开展心理健康教育工作。

2. 构建行之有效的工作体系

构建"学院—院系—班级"三级工作网络并形成工作合力。

一级机构：学院心理健康教育领导小组。学院心理健康教育领导小组由分管学生工作的院领导担任组长，统筹、指导全院心理健康教育各项工作。涉及心理健康教育工作，尤其是心理危机预防与干预工作相关的各职能部门，包括宣传部门、学工部门等主要领导者作为成员纳入领导小组中，根据其部门在心理健康教育工作中所承担的不同职责，在学院整体领导下，指导本部门开展相关工作。

二级机构：各院系心理健康教育工作站。心理健康教育工作站，设负责人一名，负责统筹本院系心理健康教育工作。

三级机构：班级心理健康互助组。心理健康互助组，在学生中选拔心理委员一名，在辅导员的指导下负责本班心理健康教育工作。

各级机构各施其责，层层推进，形成整个高职院校心理健康教育工作合力。

3.建立网络长效运作机制

充分发挥三级工作网络的实效，让高职院校的心理健康教育机构得以正常开展工作。

第一，学院心理健康教育机构要统筹规划。在机构设置上，尽管大多数高职院校的心理健康教育机构都是作为一个科室，隶属某部门，属于三级机构。然而学校心理健康教育机构在意识上需要将自身定位成学校心理健康教育的总规划者，要根据社会要求、学校教育、学生成才，结合实际，科学规划整个学校的心理健康教育工作，而不仅限于学生工作、心理咨询、危机应对等，应抱着开放、互动、协同发展的理念从教育教学、管理服务、安全稳定、学生工作、社团活动、校园文化等角度思考，与学校各部门横向合作的同时，与各院系形成纵向的指导与反馈体系。

第二，建立制度与规范。高校心理健康教育经过多年的探索逐渐完善并持续发展。在这一发展过程中，陆续出台相关专门性文件和综合性文件，以此来规范心理健康教育相关的建设和实际工作的方方面面。可以说，心理健康教育工作能够有如此快速的发展和今天的工作格局与成绩，这些文件的出台在其间起到了非常重要的引领作用。因此，高职院校要创新心理健康教育工作，更要在深入学习与领会各项重要文件精神，并在努力践行的基础上，结合本校实际情况，制定适用于自身的学校纲领性文件，并不断地修订与完善。以此形成长效运作模式，真正做到"以制度规范工作，以制度保障工作"。

第三，院系及班级充分发挥心理健康教育工作的主动性和创造性。院系、班级是与广大师生联系最为密切的组织，也是大学生生活、学习最为直接的环境。因此，院系心理健康教育工作站，要在全校心理健康教育的指导下，结合各院系在人才培养、专业教育和就业创业发展的实际需求中围绕学生实际需求，充分挖掘基于自身的心理健康教育发展需要的发展动力，积极主动形成自身教育特色。

综上，学校心理健康教育运作机制，是"自上而下"和"自下而上"的结合，三级网络中的学校、院系和班级之间的关系不是封闭的，而是开放的，三者的教育实践应是彼此渗透，在互动的过程中相互促进，从而使得学校心理健康教育体系得以发挥实效。

（二）发挥多渠道心理健康教育功能

发挥多渠道心理健康教育功能，要发挥课堂教学作用，依托活动营造心理健康教育氛围，重视校园文化建设，充分发挥网络在心理健康教育中的作用。

1.发挥课堂教学作用

高职院校要将教书与育人相结合，其他各门课都要守好一段渠、种好责任田，使各类课程与思想理论课同向同行，形成协同效应。要把心理健康教育课程纳入学校整体教学计划，组织编写大学生心理健康教育示范教材，开发建设大学生心理健康在线课程，实现心理健康知识教育全覆盖。需要我们将心理健康教育作为专门的一门课，通过课堂教学传授心理学的相关知识。其他专业教师要在日常授课中适当渗透心理健康知识，以极具亲和力和针对性的方式在讲授专业知识的同时传授心理健康知识，效果一定会比单纯教授专业知识或者心理健康知识好，使学生们更乐于去接受专业文化知识以及心理健康知识。

根据高职生的特点，开设与心理健康相关的课程是高职院校心理健康教育的主要途径和方法。创新课堂教学形式。随着教育改革的不断深化，一些翻转课堂、微课、慕课等教学模式层出不穷，将这些教学模式应用到大学生心理健康教育中，可以打破传统教学模式中对时间、地点的限制，同时也促进教师职能和角色的转变。还可以加大素质拓展基地建设的研发和投入，将基地打造成心理健康教育课程的第二课堂，利用体验式教学的方法，通过团队合作的方式，注重大学生的内心体验，锻炼和提高其心理素质。

2.营造心理健康教育氛围

心理健康教育要取得良好效果，除了开设相关课程、开展心理咨询、组织大学生心理健康宣传等活动，还应结合学校各项育人工作全面培养学生的健康人格、良好心理品质。比如通过入学教育和军事训练，培养学生团结协作、奋斗拼搏的精神；通过专业认知和实践教育，让学生明确职业发展需求，激发学好专业的兴趣，培养学习主动性和能动性；通过生命安全教育，引导学生珍惜生命，爱护自己；通过职业规划教育和就业指导教育，提高学生的就业择业能力；通过寝室文化建设活动，融洽学生寝室关系；通过运动会、艺术团、社团等活动平台，开展内容健康、品位高雅的校园文体活动，帮助学生释放压力，陶冶美好情操，使学生收获满意和幸福感。

3.重视校园文化建设

形式多样的校园文化活动对培养学生积极的生活态度以及团结互助的观念、群体意识、良好的人际关系和保持乐观的心态有很大作用，能使他们的自我调控能力增强，还可以激发他们的个人潜能，从而让他们的心理健康水平得到提升。相关组织应该正确引导学生会，培养学生干部，发挥他们的能动性，使学生在活动中发现兴趣、培育爱好、发展特长，从而使自信心得到提高。各类课余活动非常有助于大学生施展自己的才华，既能使精神世界得到丰富，又可促进自身的协调发展，提高生活乐趣，陶冶情操，锻炼能力，满足自身的多种需要。进一步发挥校园文化在心理健康教育中的载体作用，充分利用校园广播、宣传橱窗、校报、教室黑板、墙面等媒介，将心理健康教育渗透到学习和生活中的各个环节，让积极心理形成一种风气，并孕育出一种无形的教育力量。同时，还要注重发挥寝室文化在心理健康教育中的作用，寝室是一个小的团体，寝室文化对大学生的影响比校园文化来得更直接。很多不良情绪和心理问题的起源都源于寝室人际关系不协调或是受到了寝室不良风气的影响。学校可以组织学生以寝室为单位，广泛开展文化交流、体验交流、爱好交流等互动交友活动，为学生营造一个积极向上并且充满关怀的生活环境。在这样的生活环境中，学生才能获得更多的安全感和幸福感，获取更多的正能量。

4. 发挥网络心理健康教育作用

自互联网普及以来，网络便深刻地影响着我们的生产生活方式。进入当代，这种趋势有增无减，学生使用网络的频率越来越高。推进高职院校的心理健康教育工作一定不能忽视网络空间的影响，我们既要对大学生如何正确使用网络进行教育管理，也要预估到大学生在网络上受到不良心理影响的可能，做好积极预防工作和及时的心理干预。同时，高职院校应加快建立和完善"网上心理健康教育"工作平台，利用学生常用的网络交流方式广泛开展形式多样和学生喜闻乐见的心理健康教育活动，普及心理健康知识，进行网上心理咨询活动等，将网络拓展成为心理健康教育的又一重要平台，及时有效地开展心理健康教育工作。

（三）建立多维心理健康教育机制

多维心理健康教育要建立多主体参与心理健康教育机制，建立分层级特色心理健康教育机制，建立特殊学生群体专门心理健康教育机制。

1. 建立多主体参与心理健康教育机制

心理健康教育是一项系统工程，需要整个社会的教育大系统协同作用，同时应发挥各教育要素独特的作用。只有环境稳定、文化清廉、社会文明的环境才能造就身心健康、正直、积极的学子。社会教育是每个人都会接触的一种教育类型，对人的世界观、价值观的形成具有重要的引导性作用。家庭环境对人的心理发展有很大影响。学生出现心理问题，往往与其成长的家庭环境与家庭教育有一定的关系。因此，高职院校应注重探索家校合作模式，构建密切联系，对家长开设简单心理知识培训，帮助家长掌握基本的心理健康教育方法，使之在孩子出现心理问题时能正确面对，积极配合学校开展心理健康教育工作，共同促进学生心理问题的有效解决。学校要充分动员全体教职工积极参与大学生心理健康教育，树立教职工的主体责任意识，以自己的师德、工作态度去潜移默化地影响学生。利用家长与孩子之间独一无二的至亲关系，可以在心理健康教育方面起到至关重要的作用。高职院校应当充分调动家长的积极性，多与家长沟通，深入了解学生情况，增强家校合作，多方面帮助学生成长。

心理健康教育工作不是单方面的工作，要形成全社会关注心理健康教育的网络系统，要充分认识家长和社会的作用，保持学校、家长、学生的有效沟通，为学生的成长建立一个健康的环境，共同促进高职院校大学生心理健康教育的发展。

2. 建立分层级特色心理健康教育机制

大学生心理问题在不同阶段的表现不同。刚入学的大学生容易出现不能迅速适应大学生活环境，产生交友困难、行为孤僻、思念父母等系列问题，环境的转变造成大学生在学习、生活、工作等方面面临困扰，这一阶段，学校应该有计划、有重点地对这类高发问题进行入学适应性教育，并辅以职业生涯规划引导，帮助大学生及时从中学阶段过渡到大学阶段。大二、大三的学生易出现学业压力、感情问题等，安于现状、懒惰懈怠、缺乏自控力等有所表现。不同年级的学生所具备的特质和碰到的问题是不一样的，要把心理健康教育工作真正落到实处，并取得预期的效果，就必须充分认清大学生各个阶段的特殊性。

此外，作为心理健康教育的重要方式，还应建立健全高职院校心理健康教育课程体系，针对不同年级学生的心理特点开设相应的心理健康教育课程。不仅要对新生开设心理健康教育必修课，还应针对学生不同的发展阶段、心理状况和易发心理问题设置相应的选修课或者辅修课。应根据高职院校的教育特点和高职生实际情况，将健康职业人格教育、行业岗位环境心理适应教育、人际关系和谐教育、就业挫折心理教育等具有高职院校教育特色的内容编入心理健康教育教材。注重运用实践教学和工学结合的教学模式，通过案例分析、心理游戏、角色扮演、集体讨论等多种教学形式和方法激起学生学习心理健康知识的兴趣，增强心理健康知识传授的有效性。

3. 建立特殊学生群体专门心理健康教育机制

大学生正处于心理发展的关键节点，虽然许多学生的心理状况具有共同的特点，可以根据相同心理问题或心理状态进行治疗和提升，但心理状况更加具有个体特征，严格来说每个人的心理特征都不一样，在高职院校学习生活的过程中，学生心理发展的路径和结果也可能产生极具个性的个案。因此在高职院校中始终存在一些"小众"的特殊心理问题的学生，这时候就需要对这些特殊学生群体进行专门的心理健康教育。首先我们要通过心理普查、后期约谈、心理咨询等方式建立档案，将学生的心理问题进行归类，根据学生存在的主要心理问题进行分类，如情绪调控、恋爱困惑、个性发展、求职择业等，对特殊学生群体如贫困生、单亲离异家庭、身体残疾同学、有留守经历同学、有既往疾病史的同学等予以特别的关注。然后再有针对性地设计相应的治疗课程或提升课程，例如开展系列专题讲座、举办主题团体活动、单独的心理课程等。特殊学生群体心理健康教育机制的具体内容是不固定的，要因人而异，但必须保证每一位学生不会因心理问题的特殊性而无法得到有效识别和有效治疗。最后，针对特殊学生群体的专门心理健康教育要与常规的、统一的心理健康教育机制有机结合起来。既要有发展衔接，也要有基础保障。特殊学生群体的心理问题如果经过干预治疗恢复到普通同学的心理健康水平，就应该将之纳入常规心理健康教育机制当中。如果学生的特殊心理状况学校无法予以解决，应当及时采取相关措施，保证学生的心理问题得到有效治疗，尤其是要注重建立与家长、校外心理医疗机构的联系。

三、加强心理健康教育队伍建设

近年来，高职院校心理健康教育工作取得了积极进展，呈现出良好的发展态势，但也存在一些短板和薄弱环节。比如，不同地区和学校对心理健康教育工作重视程度不一，人员还没有配备到位，心理健康教育与咨询的科学化水平还有待提高等。因此，充分认识加强高职院校心理健康教育队伍建设的重要性，正确分析心理健康教育工作队伍现状，查问题，添措施，有利于进一步加强当代高职院校心理健康教育。

（一）高职院校心理健康教育队伍建设的意义

新的时代背景下不断加强心理健康教育队伍建设，既是推进心理健康教育工作的重要保障，也是学生发展的需要，更是社会发展对高职院校提出的要求。

1. 推进心理健康教育工作的重要保障

随着社会经济的快速发展，产业升级和经济结构调整不断加快，各行各业对技术技能人才的需求越来越紧迫。高职院校改革招生模式，采用多种入学方式，使高职院校学生来源多样化，这就要求高职院校要针对不同层次的学生采用不同的心理健康教育，提升工作的实效性。一支业务精、能力强、专业化、专家化的工作队伍可以更加有效地开展心理健康服务，积极地在不同学生中展开普及性和发展性的教育活动，疏导学生的内心烦恼，防范可能存在的心理危机现象，营造和谐、平安、健康、幸福的校园环境。因此，加强高职院校心理健康教育队伍建设，能充分发挥心理健康教育的作用，提升高职院校人才培养质量。

2. 满足学生个体发展的迫切需要

随着当代社会的发展变迁，学生面临着社会变革、学习生活、职业规划、人际交往、自我认同、情感需求等方面的压力，心理问题日益凸显和严重化。近年来，高职院校学生心理问题的发生率不断攀升，其严重程度和复杂程度也在不断加剧，这就迫切需要加强高职院校心理健康教育队伍建设，扎实做好大学生心理健康教育工作，通过心理健康知识普及、个体咨询、团体辅导和危机干预，化解心理问题泛化、灾难化的趋势，从而使大学生具有理性平和的心态、良好的心理素质、积极向上的健康人格，为学生成长成才奠定良好的内在基础，营造人人皆可成才、人人尽展其才的良好环境，让每个人都有人生出彩的机会。

3. 社会发展对高职院校提出的要求

高职院校要整体推进包括大变生心理健康教育队伍在内的高校思想教育工作队伍建设，完善选拔、培养、激励机制，形成一支专职为主、专兼结合、数量充足、素质优良的工作力量。自20世纪90年代以来，相关部门针对高校心理健康教育工作数十次发文，指导相关建设工作，提出建设要求和工作要求，其中也对心理健康教育队伍建设提出了建设标准。明确要求各高校要建设一支以专职教师为骨干，以兼职教师为补充，专兼结合、专业互补、相对稳定、素质良好的心理健康教育师资队伍。

（二）高职院校心理健康教育队伍建设的途径

1. 构建"学校—院系—班级"三级师资队伍

高职院校心理健康教育是提高大学生心理素质、促进其身心健康和谐发展的教育，是大学生全面发展的重要环节，学校应该进行系统谋划，调动整个学校的力量和资源，分层组建团队，积极构建全员参与、全程关注、全方位实施的心理健康教育新模式。

第一，学校层面建立专兼结合的工作团队。高职院校要建设一支以专职教师为骨干、以兼职教师为补充，专兼结合、专业互补、相对稳定、素质良好的心理健康教育师资队伍。学校对心理健康教育专职教师要采用严格的准入制，专职教师必须具有从事大学生心理健康教育的相关学历和专业资质，每校至少配备两名。兼职教师在学校范围内选聘具有丰富的学生教育、管理经验或具备心理学专业、培训背景的教师，按在校生人数万分之五至万分之十配备，组成一支专门的心理健康教育兼职教师队伍。专职教师是学校开展心理健康教育的骨干力量，兼职教师作为有力补充，团队协作，形成合力，确保学校心理健康教育工作落到实处。

第二，院系层面建立学院二级心理辅导站。高职院校的院（系）二级心理辅导站是实施普及心理健康教育服务和全覆盖心理危机预防与干预的前提和保障，心理辅导站的辅导员是院系心理健康教育工作的主要执行者。高职院校应在每个院系设立心理辅导站，设立一名组长，由一名从事学生工作的相关老师担任，专门负责统筹与带领辅导员在本院系学生中普及心理健康知识，把握学生心理动态，疏导学生心理问题，跟踪、监控重点学生等心理健康教育工作。

第三，心理委员队伍是一支负责班级心理健康教育的学生队伍。高职院校可以在各班级选拔一到两名心理健康、热爱工作、乐于助人的学生作为心理委员。心理委员负责了解本班级学生的心理动态，及时识别有心理问题的学生并上报班级辅导员，同时也在班级内开展心理健康知识普及、宣传活动等。

2. 分层培训提高心理健康教育队伍素质

心理健康教育是根据学生心理发展的规律，运用心理学的教育方法，培养学生良好的心理素质，促进学生整体素质全面提高的教育。心理健康教育是一项专业性非常强的工作，其有效实施取决于心理健康教育工作者的能力和素质。当代高职院校要做好大学生心理健康教育工作，必须加强心理健康教育队伍的培训，提高其素质和能力。

第一，全面贯彻实施相关文件精神。高职院校要积极组织开展心理健康教育师资队伍培训，制定心理健康教育专兼职队伍的培训规划，保证心理健康教育专职教师每年接受不低于40学时的专业培训，或参加至少两次省级以上主管部门及二级以上心理学专业学术团体召开的学术会议；充分调动全体教职员工参与心理健康教育的主动性和积极性，重视对班主任、辅导员以及其他从事高校思想教育工作的干部、教师开展心理健康教育知识培训。

第二，落实分层培训经费保障及实施方案。对于高职院校专兼结合的心理健康教育队伍而言，需要落实专项培训经费，每年制定心理健康教育队伍培训计划与具体培训方案，实施专兼职教师分层培训。通过系统的培训，使心理健康教育工作者认识到岗位的重要性，提高其职业认同感，增强责任感、使命感。具体做法如下：

专职心理教师培训。高职院校合格的专职心理健康教育工作者需要专业及社会知识、恰当的方法与技巧、个人成长等方面的素质。专职心理健康教育工作者的专业素养包括自身职业动机、专业认同度、理论取向等，其培训可根据自己的兴趣和咨询方向选择某一两项心理咨询或治疗相关技能的连续培训，深入学习与提升。专职心理健康教育工作者的个人成长包括完善人格、提升自我接纳与自我觉察力、提高职业道德等，可向专职教师提供定期的理论学习和自我体验、业务进修等来帮助其实现自我成长。

兼职心理老师培训。高职院校的兼职心理老师，包括隶属于心理健康教育机构的兼职心理老师和院系参与心理健康教育工作的辅导员、学生工作老师和学生干部。在高职院校，兼职教师队伍庞大，但业务能力、专业水平参差不齐，专业素养亟需提高。兼职心理健康教育工作者的专业素养提升可采取送出去和请进来相结合的方式。高职院校可在校内定期组织教研活动、学术沙龙活动，进行案例分析、工作交流，邀请校外著名心理健康教育专家到学校开展有关常见心理障碍的识别、心理危机预防与干预等培训。让兼职教师利用寒暑假，参加专业性的心理咨询培训班，考取相关资格证书，提高职业素养。

3. 完善激励机制

为充分调动专兼职心理健康教育工作者的积极性，提高心理健康教育的实效性，高职院校应完善激励机制，使专兼职心理健康教育工作者自觉地、最大限度地发挥自己内在的工作热情，不断改进工作方式，提高工作质量。

首先，要完善职称评审制度，将心理健康教育师资队伍原则上纳入高职院校思想教育工作队伍管理，落实好评聘工作，激发心理健康教育工作者的工作情感和职业认同感，珍视自己职业所具有的崇高价值；其次，要改革学校的用人机制，既要严把心理健康教育工作者的准入条件，又要建立健全心理健康教育工作者的业绩动态考核机制，对不合格人员实行淘汰制，做到奖惩分明，调动其工作积极性；再次，要保障心理健康教育工作者的待遇和权益，落实相关文件精神，高职院校各职能部门要关心、关爱心理健康教育工作者，使其安心工作、热心工作、舒心工作、静心工作。

近年来，各高职院校在心理健康教育工作中做了大量的实践探索，积累了丰富的经验，逐步形成了自身特色，并取得了较好的成效，为探索当代高职院校心理健康教育工作模式和路径做出了重要贡献。

第二节　高职院校创新创业教育

一、时代发展的要求

在新的时代背景下，高职院校创新创业教育也要与时俱进，开拓进取，秉持创新和创业不可分割的教育理念，坚持创新意识与创业勇气的共同培养。突出创新创业教育的培养主体，坚持创新创业教育从小处入手，从学生抓起，为社会发展培养具有独立思考能力和创新创业意识本领的全面发展的时代新人。

（一）创新和创业密不可分

创业是创新的特殊形态，创新是创业的前提与基础。创新并不是想象中的那么高高在上、遥不可及，其实，创新不仅包括了科学研究和技术创新，更包括了体制机制、经营管理的创新，乃至文化层面的创新。

推动"大众创业、万众创新"是充分激发群众智慧和创造力的重大举措。我们要坚决消除各种束缚，让创新创业成为时代潮流，汇聚起经济社会发展的强大功能，让创业者们的奋斗形象伴随着国家经济的升级与发展，成为智慧经济的重要标识。对创新创业的扶持，是最现实、最长远的发展之道和惠民政策，通过创新创业，更多的人能够收获发展福利，创造出更多的财富。与此同时，更多的人也能借此实现自身的人生价值。

在当前创新创业时代的大背景之下，人人都在创新，人人都在创业。"大众创业、万众创新"在政府工作报告中，被明确认定为经济增长的新引擎，经济增长的新动力。毋庸置疑，创新创业由于其独有的特性，成了适应新常态、促进稳增长、着力调结构的重大举措，国家层面也因此对全国创新创业工作做了全面的部署。一方面，鼓励地方创设创业基金，对众创空间这样的办公用房和相关投入给予优惠；对于小微企业和投向创新创业的天使投资给予税收支持，将科技企业转增股本，股权奖励分期缴纳个人所得税点推至全国。另一方面，推动特殊股权结构类企业在境内上市，鼓励发展相互保险，发挥国家创投引导资金的种子基金作用，支持国有资本、外资等开展创投业务。与此同时，取消妨碍人才自由流动的户籍、学历等限制，营造创新创业的便利条件，为新技术、新业态、新模式成长留出空间。并且放管结合，加强知识产权保护，通过打造信息技术等共享平台和政府采购等方式，为创新创业加油添力。创新创业其时已至，创新创业的风头正劲。而加强创新创业的人才培养则是创新创业良好势头一直保持下去的重要力量。

当今的时代，是创新的时代，是创业的时代。由于经济发展进入新常态，创新创业不再是只有少数人可以参与的活动和实践，也并不是只有少数人可以有资本参与，并能承担得起失败风险的事业，更不再是只有少数人才可以够得到树上果实的孤勇之路，创新创业已然变成了多数人的机会。多数人对于创新创业失败风险的承受能力增强，敢于去创新创业，多数人也有了资本去进行创新创业。因此，全民创新创业的激情和热情得到全面迸发，创新创业的大江大河正在全社会中奔腾不息。创新创业的主体需要壮大，创新创业的领域需要扩大，全民创新创业的新局面需要大家共同奋力开创，创新创业的新氛围更需要大家全力营造。有关部门更是要着力树立创新创业典型，宣传创新创业政策，培育创新创业精神，使得全社会形成积极鼓励创新的良好环境。

（二）创新创业教育要从学生抓起

论创新创业精神的培育，当然是要从学生抓起。这一阶段，学生们的价值观还未完全形成，但是有着简单的分辨是非的能力。与此同时，学生接受学校里老师的教育，集体教育省时省力，并且教育效果显著。而培养学生们创新创业的精神，将这种精神融入他们的价值观，影响的不仅仅是他们自己。随着学生的成长，接触的人逐渐增多，这种融合在价值观中的创新创业精神会更好地鼓舞学生周围的人，起到很大的带动作用。由此可见，创新创业精神的培育，从学生层面抓起，再好不过。

论创新创业的主体的壮大，将学生这一群体作为重要组成部分，创新创业的主体必然得到相当程度的壮大。首先，当今社会中，学生占的比例不容小觑，无论是城镇，还是乡村，学生都是社会中一大股新鲜活跃的力量。将这部分不容小觑的力量融合到创新创业的主体中来，创新创业的主体必会得到壮大。其次，学生是社会中与其他社会成员联系多而且紧密的一个特殊群体，不仅学生彼此之间有着强大的互相影响作用，一个好的学生，往往会带头引领一大群好的学生，在学生群体中，榜样的力量十分强大。而且一个学生，往往背后都有一个家庭，学生的价值观中融合了创新创业精神，对整个家庭也会造成不可小觑的影响，从而带动整个家庭，共同认可创新创业精神，将创新创业精神融入价值观中，为全民的创新创业贡献力量。

论创新创业领域的开拓，学生更是当之无愧的主力。对于青年学生来讲，他们具有很强烈的好奇心，对万事万物的好奇，给他们的探索能力提供了保障与支持，使得他们会对很多事情产生探索下去的欲望。与此同时，学生还具备着旺盛的精力，对于事物的探索，不光是有心，更要有力有时间，跟随着自己的好奇与欲望去探索。不仅如此，学生们还在不停地接受学校的教育，不停地汲取着知识。同时，还会得到社会各方面的关心、帮助与支持，而这些都会助力学生们完成自己的探索和研究。

在创新创业的时代背景要求下，创新创业人才的培养，不仅要在社会中进行，更要在高职院校中培养。如今的毕业生，就业竞争压力十分巨大，高职院校身处在现今就业竞争的大压力之下，创新创业的人才培养，已经是高职院校提升学生创新能力和就业能力的主要方面。高职院校创新创业的人才培养，总体来说还是对学生的教育，因此并不可以脱离高职院校的专业教育目标，要和高职院校的专业教育目标保持一致。因此，在这样创新创业时代背景要求下，高职院校的创新创业人才培养，应该是以培养出具有创新创业精神，符合人力资本市场需求的高素质应用技能型人才为目标，这样，才能做到与高职院校培养面向生产、服务、管理一线岗位的高素质应用技能型人才的专业教育目标保持一致。在高职院校中实施创新创业教育，应该将创新创业教育与专业教育有机结合起来，从而切实有效地推动高职院校创新创业人才培养质量的持续提高。

二、创新创业教育模式的形成

新的时代背景下，创新创业素质对于一名学生而言尤为重要，是学生在未来发展中的有效且强大的竞争力。而创新创业素质，按照教育学理论来说，是可以培养的，这也是现今高职院校培养学生时应该做到的。无论学生毕业之后是选择进入企业工作，还是创业，无论学生进入高职院校时选择的是哪一个专业，创新创业素质的培养，都要全面覆盖到每一个学生。创新创业素质，对于学生而言，不仅是日后在就业竞争中所具备的有效且强大的竞争优势，更是伴随其一生的宝贵财富。这种财富，不因为日后学生毕业后的选择方向而升值或者贬值，永远都是最宝贵的财富。而作为高职院校，不仅仅要教授学生们知识，更要培养学生的能力，进而带给学生们可以受益一生的宝贵财富。因此，开创一种适用于高职院校的创新创业教育模式格外重要。如何培养并提高每一个在高职院校就读学生的创新创业素质，尤其要培养组织内部的创新创业者，让学生们通过教育，拥有创新创业素质这一笔宝贵财富。创新创业的意愿与激情明显增强，让学生们更愿意去创新创业，更愿意去将自己脑海中的创新意识变成实际行动，让学生们将自己脑海中想要创造的东西通过学生们的不断努力，在实践中变为现实，这是高职院校在开创创新创业教育模式时所需要思考的问题。

众所周知，高职院校的专业教育目标，是培养面向生产、服务、管理类一线岗位的高素质技能型人才，高职院校也是向社会输送面向生产、服务、管理类一线岗位的高素质技能型人才的重要源头之一。高职院校中的教育，因为其特别的专业教育目标，而有着独特的教育模式。创新创业的教育，本质上来说，是让学生或者受教育者在学习知识和体验实践的时候，受到感悟生活的引导，从而激发对世界的好奇与探索欲望，进而激发创造天性，激发创造能力。因为学生对知识的理解与吸收能力要比步入社会的一些人更为出众，并且学生们对整个世界的好奇与探索欲望本来就是存在的，激发起来并不是一件难事，甚至并不需要激发，只需要保护好这份好奇与探索，让其转化成创新创业，而不是被生活所磨灭。从这些方面来讲，创新创业的教育，针对学生来开展，并不是一件难事，甚至说，是一件非常容易的事情。

高职院校的专业教育目标和创新创业的教育目标是一致的，专业教育是创新创业教育的基础，而创新创业教育会对专业教育有促进强化的作用。但是，如何将高职院校的专业教育目标和创新创业的教育目标有机结合，需要在教育理念、人才培养目标、课程体系、教学内容、人才培养模式等方面都做到有机融合，发挥出专业教育和创新创业教育彼此的优势长处，使得专业教育与创新创业教育互相补足、互相支持、相辅相成、有机结合在一起，实现长足有效的发展，并且有很大的上升发展空间。

（一）与其他教学课程目标的一致性

大多数高职院校，有着三类教学课程：公共基础课程、专业类课程、技术技能综合实训类课程，这三类课程之间，有着逻辑关系顺序和一定的比例分配。而高职院校的专业教育目标，使得高职院校培养出的人才需要和企业或用人单位有着良好的衔接，需要满足行业内企业的用人需求，需要达到企业的用人标准。因此，这三类课程的逻辑关系顺序和比例分配，是要通过对用人单位的广泛调研，全面分析行业企业用人需求，全面摸清企业用人标准，并将这些与专业培养目标相结合，从而完成高职院校的专业教育目标。而现在，要推行创新创业教育，就要为创新创业教育提供一个平台，使得学生们可以接受创新创业教育。对于学生来讲，接受教育的平台，首先便是课堂。因此，高职院校在教学课程的开展方面，要提供创新创业课程。也就是说，将创新创业教育与专职教育结合起来之后，高职院校教学课程的组成便是：公共基础课程、专业类课程、技术技能综合实训类课程、创新创业类课程四大部分。因此，原先的逻辑关系顺序和比例分配便不再适用于现在的课程组成。要重新根据社会经济的发展，针对专业面向用人单位重新进行广泛调研，全面分析行业企业用人需求，全面摸清企业用人标准，从而确定教学课程四大部分之间的逻辑关系、上课时间顺序，以及课程内容比例分配，最终达到创新创业教育和专业目标教育在教学课程方面的有机结合。另外，对于校内创新创业课程的开设，要注意不要空泛地谈创新创业精神，而是要通过一定的教学方法，重点启蒙并培养学生的创新意识和创新创业精神，激发学生们的创新创业动力，使得学生通过课堂可以初步了解到企业、社会和国家对创新型人才的素质要求，明白开展创业活动所需要的基本知识并且牢牢掌握，完成对学生了解企业环境、把握创业机会、应对创业风险、掌握商业模式开发过程等的正确引导。提高学生在创新创业方面的基本知识、技巧和技能的掌握。

（二）注重将课堂与实践相结合

高职院校独特的专业教育目标，使得高职院校的课堂不仅在学校内，更是在学校外、在企业内。对于在高职院校就读的学生而言，更重要的反而是在学校外，在企业内的课堂。我们暂且把在学校内的课堂称作第一课堂，在学校外的课堂称作第二课堂。对于高职院校，培养的学生是要符合企业的用人需求与用人标准的，因此，学生们在第二课堂，也就是在企业中进行实践，解决实际工作问题中所获得的知识与经验十分珍贵。有了第二课堂的学习实践，高职院校对学生们实践能力的培养才不会脱离市场的需求，才会贴合企业的用人需求和用人标准，为高职院校的毕业生在人力资源市场，在职位的竞争和就业的竞争方面提供强大的优势。创新创业的一大特色便是要不断地在社会中进行，无论是实践也好，创业也罢，都不是在课堂上就可以完成的，而是要在社会中，切身去做、去感知、去调研、去实践，才可以开阔自己的思维与眼界，提升自己的创新创业能力。可见，创新创业教育和高职院校的专业教育目标，在注重实践这一方面有着很大的需求重叠。而如何能将创新创业教育和高职院校专业教育在第二课堂上有机地结合起来，很大程度上依靠校企之间的良好合作。

高职院校通常会组织在高职院校就读的学生在学习完理论课程之后，走进企业进行实习。但是现在，高职院校可以和企业加强合作，在实习过程中，让企业从企业的角度为学生提供行业和企业的创新资讯和实践机会，从而使学生从另一个角度认识创新，将创新创业的精神充分合理地在企业中发挥出来，为企业的发展增添新的动力。同时，将创新创业精神在企业实践中发挥的过程，也满足了学生在创新方面需要切身去做、去感知、去调研、去工作的需求，提升了学生的身心素质，使得学生将创新创业的精神更好的融合在自己的平常工作和自己的价值观中，从而完成培养具有创新创业精神、符合人力市场需求的高素质技能型人才的目标。

（三）注重第一课堂与第二课堂的协同

基于高职院校独特的专业教育目标，大多拥有第一课堂和第二课堂相结合的独特教育模式，第一课堂在学校内，第二课堂在社会上，其中难免有落差，因此在第一课堂和第二课堂之间，高职院校会使学生对企业、对未来工作有一定掌握的同时，不因为落差而对进企业之后的工作产生太大的失望，从而无法完成第二课堂的学习和经验的掌握。比如，高职院校会为学生们提供一定数量的项目，通过这些项目，初步进行对日后工作环境的一个模拟，使学生对工作环境有一个初步的体验，从而完成过渡。比如，高职院校会开展一些活动，使得学生们在学习理论知识之余，走进企业进行体验。一方面，可以激发学生们自主创新的渴望和研发新产品的意识，另一方面，可以通过体验在企业中的工作，提高学生开发实际工程项目，解决实际问题的能力，从而提高实践能力。对于好的创新创业项目，如果需要进行成果转化，更需要和企业合作，依托合作企业的实力，进行成果的孵化转化。与此同时，学生们不仅体验到了企业的工作环境，更体验到了创业环境，拥有了创新创业的宝贵经验。高职院校还可以选择定期和企业合作开展活动，邀请企业内部的创业者、管理者来到高职院校开展讲座和经验分享会，使学生们身在学校内，也能感受到企业中的工作氛围，掌握如何进行自主创新活动的经验，同时使这些被邀请者形成模范作用，成为高职院校内学生们的榜样，激励学生更主动地去学习专业知识，掌握创新创业能力，挖掘自身潜力，完成从第一课堂到第二课堂的过渡。

创新创业人才培养是国家推进大众创业万众创新，加快实施创新驱动发展战略的根本需求，高职院校要始终以育人为根本，不断摸索、不断探寻，不断思考、不断实践，通过校企之间的有效合作，充分达成创新创业教育和高职院校专业教育之间的有机结合，从而使学生一方面能满足行业企业用人的需求，达到行业企业的用人标准，另一方面，也能具有创新创业精神，具有创新实践能力，拥有创新创业能力，具备自主开发新产品以及自主创新的宝贵意识，实现创新创业教育的目标以及高职院校专业教育的目标，发展成为具有创新创业精神，符合人力市场需求的高素质技能型人才。

三、完善创新创业教育机制

将机制一词引申到教育层面，便是指教育现象各部分之间的相互关系和运行方式。而因为相互关系和运作方式的各不相同，教育机制有三种类别：层次机制、形式机制、功能机制。

宏观教育机制指的是从组织的高层着手，从组织整体出发，运用合理的形式将教育的各个部门各个部分有机统一起来，从而使教育发挥最大作用。由此可见，宏观教育机制在所有教育机制中起到了引领作用，而微观教育机制则和宏观教育机制在某种程度上恰好相反，微观教育机制是着手于基层，通过充分调动教育的各个组成部分的积极性来发挥机制的作用。通过把每一个基本的教育单元、每一个教育的组成部分的积极性调动起来，以发挥教育的整体功能。由此来看，推动当代高职院校创新创业教育机制更新升级，不仅要从宏观方面着手，更要从微观方面着手，形成良好配合，共同推动。

（一）建立学校企业联合教育机制

由于高职院校的专业教育目标，校企合作始终是高职院校要考虑的重要内容。如何能创新一个好的教育机制，使高职院校和企业之间的合作变得更紧密，沟通更有效，沟通效率更高，是值得高职院校思考的重要内容。因此，可以建立学校企业一体化的联合教育机制。这样既可以为高职学生提供更多的实践与就业机会，有助于高职学生在实践中积累经验，将理论与实践相结合；同时也可以形成学校企业联合教育的良性机制，有助于实现协同育人、合作办学，促进高职院校的发展。

建立学校企业一体化的联合教育机制应该从两方面着手，一方面，可以使高职院校和企业之间的合作变得更加紧密，另一方面，这样的合作办学、共同育人，可以使企业对人才的需求，以及针对人才所制定的标准可以及时且快速地传达到高职院校中，使得高职院校对学生的培养更贴合企业对人才的实际需求，培养出的学生更符合其制定的人才标准，并且拥有强大的竞争优势，这样的联合教育机制，可以成为一个长效机制一直被沿用下去。

（二）全面提升校内学生创新创业素质

在现今大力促进创新创业的时代背景下，如何对现有的高职院校内的工作机制进行改革，以贴合时代背景，满足社会对创新创业人才培养的需求，实施对校内学生创新创业素质的全面培养和提高也是高职院校要思考的重要内容。针对这一问题，可以进行创新创业教育体制的建设，成立创新创业教育指导委员会，并邀请合作企业的企业家进入。还可以成立企业家创业中心，邀请企业家入驻，一方面从企业的角度为高职院校中的学生们开展创业活动时提供相关的指导，另一方面，可以解决学生开展创业活动时的资金问题，邀请入驻的各位企业家对创业活动进行赞助，或者是基于看好的大学生优秀创业项目，对这样的项目进行投资，解决资金上的问题，为学生们的风险承受能力提供一定的加成。这样一来，企业家不仅参与到了高职院校的专业教育中，也参与到了高职院校的创新创业教育中，更参与到了高职院校有关创新创业教育相关的软硬件的建设方面。与此同时，可以设立专职创业教育机构，或者是成立创新创业教育中心，使学生们在创新创业教育方面有专门的相关机构负责与管理。

（三）形成与创新创业教育相配套的文件制度

各院系也要积极配合创新创业教育中心的工作，成立创新创业工作小组，负责对学生创新创业的具体工作安排并落实到位，切实为学生提供创新创业方面的答疑解惑、基金申请等方面的服务，从而使学生有疑问可以问，可以申请创业基金，可以找到创业伙伴，使创新创业不再是难事，让学生更有热情和信心完成创新创业。高职院校更要出台相关的法规、实施意见、管理办法，也要为各院系出台相关的基金管理办法、教育工作奖励制度、创业项目评审制度等，为那些为了创新创业教育而奋斗的教育工作者们提供后勤保障和奖励机制，鼓励他们继续探索创新创业理论，为学生们的创新创业保驾护航。学校内部要形成一套与创新创业教育相配套的文件制度，从而使得创新创业教育有规章有制度，有标准有依靠，可以根据相关的配套文件制度更合理更好地去实行创新创业教育。学校各部门更要合理分工，密切配合，高效沟通，提高工作效率，从而共同形成适应于创新创业教育与高职院校专业教育有机结合的教育模式协调机制，从上至下，共同推动创新创业教育的发展。

（四）形成创新创业人才培养保障机制

高职院校要将创新创业教育相关制度变得规范化、常态化，形成稳定的创新创业人才培养保障机制。人才保障机制是发现人才、识别人才、发掘人才的制度保障，人才培养与保障机制的形成也有助于激励人才，形成人才集聚的效应，对于高职院校的发展是十分有益的。不仅创新创业人才要培养，整个培养的过程更是需要相关的教育制度来保障培养过程稳定健康的发展。一方面要调动学生们创新创业的积极性，青年学生正处于人生发展的上升期，往往有很多新颖的观点和充满想象力的构想，鼓励学生将自己的想法付诸实践，引导学生自主进行创业，对于学生的未来发展是非常有用的。另一方面要杜绝钻制度空子的行为发生，使学生们的创新创业和学业成绩挂钩，让学生们在学习课程之余，多考虑创新创业，多对创新创业的相关知识进行了解，多去内化生成创新创业精神，多去掌握创新创业实践能力。同时，可以开展创新创业学分累计和转换机制，使学生们所参与的创新创业教育和实践活动与学业成绩挂钩，同个人综合素质测评相对接，同评奖评优产生关联，以此调动学生们参与创新创业教育活动的积极性，鼓励学生们参加创新创业教育活动，为那些在创新创业方面具有一定素质和能力的学生提供基本保障，让他们更安心、更踏实地进行创新创业项目的实施。

四、促进创新创业教育发展

创新创业教育与高职院校专业教育目标的有机融合，主要在第一课堂、第二课堂以及第一课堂与第二课堂之间的过渡这三个阶段中。而教育机制的提出、教育模式的提出，不能只是空谈，如果是空谈，那么创新创业教育与高职院校专业教育目标的有机融合也无法实现。为了使学生发挥专业优势，开阔思维眼界，提升创新创业能力，激励学生自主创新和开发新产品的意识和实践能力，为了完成高职院校对创新创业人才的培养，向企业、行业、社会输送人才，高职院校要进行实践探索，只有在实际中进行创新创业教育实践探索，才能真正找到所提出的教育机制和教育模式可能存在的问题和缺点，才能切实解决问题，弥补缺点，将创新创业教育落实到学生的日常学习中。

（一）第一课堂方面

首先，最重要的是教学团队。一个优秀的教学团队，对学生的影响是巨大的，对课堂教学效果的影响更加巨大。想要培育出一群具有创新创业意识，具备创新创业知识，具有创新创业实践能力的学生，切实培养出创新创业人才，就要拥有一个具备创新创业意识的教学团队。但是，创新创业教育对师资要求很高，不仅要求具备相关学科的理论知识，更要求拥有一定的创业经验。教学团队建设时，一方面，由于高职院校专业教育目标的特殊性，要达到校企结合，在教学团队中就要配备具有创新创业精神的行业企业导师；另一方面，第一课堂上教授的是学生们日后在企业工作中需要掌握的专业知识，因此教学团队中需要具备拥有丰富知识的专业教师，需要一类实践技能经验和专业知识都非常丰富的专业教师。可以与校企相结合，对教学人员进行培训，鼓励教师考取并持有职业指导师、职业规划师、心理咨询师等证书。对于内部老师，可以定期派出优秀教师到外校交流与学习，对于外界，可以聘请校外管理专家、青年创业英才甚至是创业成功的校友作为学生创业导师，参与到学生的创新创业过程中，为学生的创新创业过程提供指导。

其次，可以进行实践探索的是教学内容和教学方法方面。教学内容方面，从课堂教学内容和教材教学内容两方面进行创新创业教育实践探索，可以联合相关企业共同开发课程，共同编写融合了创新创业项目开发、前沿科学成果、创新创业项目方法的专业教材。在课堂上的教学内容，可以多进行行业内的相关创新创业案例剖析，通过案例剖析进一步教授学生创新创业基础知识，培养创新创业实践能力和创新创业素质。还可以将课堂变成实际工作情况的模拟情景，让学生身处教室也可以感受到市级企业的创新创业环境，感受到真实工作氛围，从而达成对学生综合素质和能力的全面培养。在教学方式方面主要采用工作情景模拟、创新项目教学法等方法，对学生进行教学。同时，教学资源的整合也尤为重要。总体上，可以在广泛的校企调研和方案认证的基础上，在核心课程和综合实训中收集整理创新创业项目及案例资源，推动课堂与网络相结合的教学改革。并且以此为基础，构建融合课程资源、实践教学资源、创新创业教育资源、校企合作资源、国际化资源等共融共通的大教学资源平台，通过资源共享，形成一体化育人的良好的创新创业环境。

（二）第二课堂方面

一方面，高职院校可以和企业合作。高职院校与企业合作主要是通过建立创新创业校外基地，创新创业校外基地是学校接触社会、了解社会、增长社会经验的重要载体。高职院校通过与企业的合作，让学生能以实习和暑期社会实践活动等，进入企业现场，深入工作岗位，感受创业氛围，体验创新工作，提高创业技能，在产品开发、生产、管理、营销、财务管理等方面全面体验企业内部工作氛围，感知企业文化，培养自身创新创业能力，提升自身的创新创业素质。同时也有助于学生在实践中提升个人能力，了解社会对于职业技能的需要，也有助于形成激励自己进步的内在动力。

另一方面，企业可以积极指导学生学习企业的先进技术和先进企业文化，鼓励学生深入企业内部开展工程实践活动，参与到企业的技术创新和工程开发中去，从企业的角度为学生提供行业和企业的创新资讯和实践机会，从而使学生能够从另一个角度来看创新，将创新创业的精神充分合理地在企业工作实践中发挥出来，为企业的发展增添新的动力。在这个过程中，学生在创新方面的诸如切身实地去做、去感知、去调研、去工作的需求可以得到满足，学生的身心素质可以得到锻炼，进而学生能够将创新创业精神更好地融合在自己的日常工作和价值观中。高职院校也能更好地完成培养目标。

（三）第一课堂与第二课堂的过渡阶段

第一，高职院校可以开展创新创业通识教育，让所有的学生都拥有创新创业的基本知识，以此将所有学生作为一般创新人才进行培养，同时通过这一过程，发掘出有创新创业意愿的学生和有创新创业潜质的学生，为他们专门制定创新创业能力培养计划。从而一方面做到创新创业知识的全面普及，创新创业精神的全面散播，另一方面可以集中资源，做好创新创业人才的专门培育。另外，高职院校可以和企业相互合作，邀请企业内部创新榜样，开设创新创业高级培训，组织搭建精英人才学校一类的教育平台，起到模范带头作用。高职院校还可以向学生开放提升项目，将原本为高职院校学生提供的一定数量的项目提升成全体大学生的创新创业计划训练，乃至提升成由校企联合的研发实践项目，这样，一方面，可激发学生们的自主创新的渴望和研发新产品的意识；另一方面，可促使学生在体验企业实际工作的过程中，提高开发实际项目、解决实际问题的能力。对于好的创新创业项目，如果需要进行成果转化，更是可以和企业合作，依托合作企业的实力，进行成果的孵化转化。整体上，学生们不仅体验到了在企业的工作环境，更体验到了实际的创业环境，拥有了创新创业的宝贵经验。

第二，由于高职院校拥有第一课堂和第二课堂相结合的独特教育模式，校内第一课堂和社会第二课堂之间难免有落差，因此在二者之间，高职院校要提供一些方法来使学生对企业、对未来工作有一定掌握的同时，不因为落差而对进入企业之后的工作产生太大的失望，从而无法完成第二课堂的学习和经验的掌握。为了打造这一良好的过渡，让学生们不出学校也可以拥有在企业内部工作的实际体验，高职院校可以通过校企合作联合建设实训室，建设以课程实验实训教学为主的实训室、具有真实职场环境的生产性综合实训室、以工程创新研发训练为主的创新训练实验实训室和以创新成果转化为主的创业实践孵化基地，以这四类实训室层层递进，相互支持，相互融合，实现从创建项目、完成项目、项目成果转化一系列的体验，充分锻炼学生们创新创业的实践能力，切实完成从一般技能训练到专业技术综合训练再到独立完成岗位工作的创新设计建构能力的一系列提升。

第三，高职院校的校内环境在某种程度上也是小型社会，因此，可以在校内建立创业中心、创业一条街，组织学生进行创业体验。还可以将学生超市、学生科技服务公司、学生家教部、学生书亭等实体经营以创新创业项目的方式交给学生来进行管理，培养学生们的创业精神和创业能力，让学生们在实体经营中运用课堂上学到的创新创业的基本知识，锻炼自身创新创业的实践能力，提升自身的创新创业素质。同时，在学校内营造良好的创新创业氛围，以这些进行实体经营的学生们作为创新创业的榜样，使他们在学校内发挥重要的示范作用。并且，高职院校也可以在学生中开展创新创业训练计划，选拔有创新创业潜质的学生和优秀创业项目，做好创新创业项目的申报和实施落实，同时，健全组织机构制定配套政策，加强项目实施过程管理，激发学生创新创业的主动性、积极性，从而达成培养学生创新创业精神和实践能力，以及培养创新创业高素质应用型人才的目的。

第五章　高职院校德育教育生态的构建

第一节　德育教育生态的概念与理论

一、相关概念

(一) 生态与德育生态

1. 生态

"生态"指生物在特定自然环境中的生存状态和发展状态，或生物的生活习性。生物学家指出，生态是一种关系的描述，是生物对其周围有机生命和无机生命所具有的关系。在早期，生态的产生和发展是随着对生物的研究开始的，它更关注的是"共同体"和"整体"，在科学界的研究很少。随着经济社会的发展，生态在其他行业和学科的应用越来越多。二十世纪三十年代，有人提出生态系统的概念，指出我们不能将有机体与他们周围的生存环境分开，而是将有机体与其周围的环境看作是一个完整的自然系统，它是一个有机整体，并认为生态学是科学的自然历史，将生态运用到人类社会中，将生态概念从生物学引入到人类社会。可以说，经过现代哲学的建构，自然生态观转为哲学生态观，成为了一种理念、思维方式、研究方法和文明观。还有人提出："生态学的考察方法是一个很大的进步，它克服了从个体出发的、孤立的思考方法，认识到一切有生命的物体都是某个整体中的一部分。"

2. 德育生态

德育生态是用生态的视角和观点来研究德育，德育生态将德育作为基本的研究对象，它不仅是德育生态世界观的学说，还是方法论体系，对德育生态体系的构建具有举足轻重的作用。德育生态作为德育工作的新理念，是对德育方法的发展和创新，是将生态世界观运用到德育工作中的成果。

第一，德育生态是生态学对德育的观照。德育生态的基本内涵从人们对生态学的运用开始，最初，生态是人们用以研究自然界和生物的科学，随着人与自然矛盾的加剧和突出，生态环境的破坏、生态资源的浪费以及大自然对人类无情的报复，生态学家开始重视研究人类社会与自然的关系。随着生态学越来越多的应用于社会科学，逐步与其他学科融合形成交叉性学科。生态学视野下的大学生德育实则是一个由相互依存、相生相伴、相互关联的多重要素构成的与环境互为影响的开放系统。从这一角度审视当前大学生德育实践中存在的"危机"需从"整体性、协调性、平衡性"的生态思想中把握，即从所有德育生态因子构成的复杂网络关系中去探寻。将生态学运用到学校德育工作中产生了德育生态，德育生态的理论、主张和实践方式如何，是德育生态运用到大学生德育工作的基础。事物和人类社会都处于特定的环境当中，事物和人类社会与环境之间是相互影响、相互作用的。德育工作也是如此，它也会随着经济社会的发展不断发生变化，因此，在从事德育工作时，要十分重视对德育环境的研究。传统对德育环境的表述虽不乏真知灼见，但缺乏对德育环境的整体、系统、多层次、多方位的研究，这不能说不是一种缺陷。基于此，应重新认识德育环境、重现解读德育环境，切实发挥德育环境在培养人的道德情感、提高人的道德认知、提升人的道德素养等方面的作用，增强德育工作的有效性、实效性和针对性。

第二，德育生态的实质是德育各要素之间协调发展。德育生态超越其他德育理念的地方，在于它积极协调德育各要素，并在遵循尊重人、道德和社会之间关系和各自发展规律的基础上，实现德育的实效性。以往对德育所处环境的研究较多，也获得了较多的研究成果，促进了学生德育工作，为何还用带有"环境"意味的"生态"探讨德育呢。在这里，环境是事物的外部因素，强调的是事物外部因素对事物的作用；而生态是事物内外共同作用对事物的影响，强调的是事物内外因素相互作用的整体形态，注重的是各要素之间的和谐、平衡、协调的关系。要实现学校德育的有效性，就要优化德育生态中的德育主体、客体、介体、环体等要素之间的关系，既要充分发挥每个要素的优势，还要实现各要素之间形成的最大合力。相关研究者认为当前的德育危机实质上德育生态危机，是一种结构性、功能性、要素性、全方位的危机。加强德育工作不能仅注重德育环境的影响，还要重视内在主体因素，以及事物内部要素与外部环境要素的关联，德育生态各要素是否和谐、平衡是德育工作有效与否的关键。

（二）系统、生态系统与德育生态系统

1.系统

首先，系统是由诸多相互作用和相互联系的子系统和要素组成的具有层次性的整体，可以依据系统的功能和结构对系统进行划分；系统内的各子系统和各要素，各自独立又有联系，正是他们的联系和独立性产生了系统的功能和效能。以自然生态系统为例，它由自然环境、分解者、生产者和消费者构成，这四种要素各自独立，组织结构和功能不尽相同，但是又互相依赖，如果生产者不利用光合作用生产物质，消费者就不能进行物质消耗，分解者就不能分解物质进行能量转换。自然环境、分解者、生产者和消费者等各要素繁衍的目标都是为了发展和进化，从而产生各种联系，发生作用。各系统具有层次性，它是按照自然规律、人类社会发展规律形成的整体。社会系统，就是由各种子系统和要素按照一定的规律组成的。生产、分配、交换、消费等环节构成了人类的社会生产，也正是这几个环节之间的相互独立、相互作用、相互联系决定和行成了经济关系的总和。因此，系统是由各要素和各子系统按照一定的规律构成的具有鲜明层次性的整体。其次，系统是由诸多相互作用和相互联系的子系统和要

素组成的能够发挥一定功能的整体。系统诸要素为了实现系统的演化、发展和进化，会产生趋同；如果诸要素失去了趋同，不再产生联系和作用，系统赖以生存和发展的基础便不复存在，也不能发挥系统的功能，系统的既定目标也不可能达成。各要素、各层级发挥各自的功能，完成既定的目标，实现了系统的整体功能的发挥。所以，每个要素都有一定的功能，任意元素功能的失效，将会影响其他元素功能的发挥，系统的功能也会受到损害。

2. 生态系统

生态系统，指在特定的自然区域内有机生物和无机生物通过物质循环和能量流动互相联系、互相作用形成的生态学功能单位，是有机生物、无机生物及内部因素、外部环境相互依存、彼此影响的统一体。人工生态系统和自然生态系统都有相同的特性：生态系统是生态学研究的最高层次；生态系统内部各要素越多，结构越复杂，系统的调节能力就越强；生态系统的两大功能为物质循环和能量流动；生态系统要经历简单到复杂的生长过程，是一个动态系统。

生态系统由生产者、消费者、分解者和非生物环境构成。生产者是自养生物，通过光合作用制造食物或有机物，为生态系统由生长到发展、由简单到复杂提供能量。消费者是针对生产而言，它们不能利用光合作用制造食物，必须直接或间接依靠生产者才能生存。按营养方式划分，消费者被分为不同的等级。分解者的作用与生产者相反，是异养生物。它将生产者、消费者残体的有机物分解为简单的化合物，提供给生产者，分解者的作用是生态系统得以存在、运行和发展的关键。非生物环境则包括参加物质循环和能量流动的无机元素和化合物、联系有机物和无机物成分的有机物质，以及气候和其他物理条件。

形态结构和营养结构是生态系统的两大结构。形态结构，如种群数量、生物种类和群落的水平垂直结构等。营养机构是功能单位，它以营养为纽带，将有机物和无机物结合起来，构成以生产者、消费者和分解者为中心的功能类群。

3. 德育生态系统

德育生态系统是社会生态的一种形式，涉及社会性、经济性和自然性等问题，其中社会性是其主要方面。德育生态系统，是由教育者、受教育者和包括德育内容和方法的德育措施三个基本要素以一定的关系构成的结构，是把德育以及环境诸因素置于一个有机联系、密不可分的整体中的系统。德育生态系统的要素主要包含以下几个方面：

教育者。教育者包括教育决策者和实施者。教育决策者是教育主管部门，制定德育目标，按照不同层次的德育对象细化德育内容。教师为教育实施者，他们按照教育决策者制定的德育目标、德育内容、教学大纲，实施教育行为。从广义上来说，教育实施者应包括家庭和社会，道德教育是养成教育，不是学校就能解决的，必须与家庭和社会形成合力，促使德育对象将道德理念、知识内化于心，外化与行，真正实现德育的目标。

德育对象。德育对象一般指在校学生，即受教育者。青少年时期是学生世界观、人生观、价值观形成的关键时期，学生心理、生理成长变化较快，对他们进行良好德育既可以促进他们顺利健康成长，也有利于提高素质。德育作为学校教育的重要内容，要针对德育对象制定德育目标、德育内容，开展德育活动。因此，德育对象作为德育生态系统的核心，德育载体、德育途径、德育方式方法都要根据德育对象的生理和心理特点制定。德育对象不是简单的灌输对象，忽视德育对象的能动性，将达不到德育的效果，甚至适得其反。

德育中介。德育中介包括德育载体、途径和方式方法，是德育得以顺利开展的条件和保障。德育载体包括德育内容载体和教学活动载体。德育途径从实施主体的角度来看，分为他人教育和自我教育。学校教育、家庭教育和社会教育是他人教育的三种内容。学校教育是德育最重要的途径，为教育对象提供专业、系统的教育。家庭教育始于教育对象生命的诞生，对教育对象人格的形成产生重要的影响。社会教育指社会大环境对教育对象的影响。只有学校教育、家庭教育和社会教育形成合力，才能更好的发挥德育的作用，促进德育对象顺利健康成长成才。自我教育指德育对象有目的、有意识的自我教育和自我认识，是教育对象成熟的标志，是教育对象成展的重要途径，也是德育途径的较高层次。德育方法是决定德育有效性和实效性的重要因素，必须与德育对象、内容、途径相适应。德育方法主要有灌输法、榜样示范法、实践锻炼法和比较鉴别法等。

德育目标和德育内容。严格意义上来说，德育目标和德育内容也是德育的中介因素。德育内容是德育目标的具体反映。它是抽象道德理念与具体行为准则的结合，主要包括道德认识的形成、道德情感的熏陶、道德意志的磨练、道德信念的内化、道德习惯的养成和道德行为的实践。德育内容涉及到社会活动的方方面面，体现于个人思想态度与行为方式的点点滴滴。全面、系统地厘清德育内容，完整、准确地把握德育内容在德育生态系统中的地位与作用，有助于更好地发挥道德教育的实体性功能，从而使受教育者的道德素质得到更充分的发展。

二、大学生德育生态系统

研究大学生德育生态系统之前，必须深刻理解大学生德育生态系统的内涵，理解大学生德育生态系统的特征，从而从生态学角度和大学生德育生态系统立德树人的根本任务出发，构建科学的大学生德育生态系统。

（一）大学生德育生态系统的内涵

大学生德育生态系统就是用可持续发展的观点，从生态学的视角研究德育实践活动，是大学生德育生态系统内部各子系统之间、系统内部各要素之间，通过物质传输、能量循环、信息传递等相互作用、相互联系，发挥一定功能的有机整体。大学生德育生态系统作为一个有一定功能和组织结构的系统整体，强调了系统内部德育主体、德育客体、德育介体、德育环体之间的相互影响和作用，是大学生德育实践活动中对德育客体起着影响作用的各个系统和系统内各要素之间相互联系及其结构的总和。大学生德育生态是动态发展的，可以通过系统的自我调节实现平衡，并推动系统不断演化和发展。

（二）大学生德育生态系统的特征

1. 社会实践性

社会实践性是大学生德育生态系统的重要特征之一。这种社会实践性主要体现三个方面。一是大学生德育生态系统的德育主体和德育客体具有强烈的社会实践性。德育主体和德育客体存在于经济社会实践活动当中，他们是由处于现实中的人组成，他们对客观世界的认识和改造一刻也离不开社会实践。德育客体的思想问题、认可问题是在现实社会实践过程中产生的，也必须通过社会实践活动来解决，并在社会实践活动中不断提高思想能力、认识能力，增强自身的道德能力和道德素养，丰富自身的道德理论。此外，德育主体从事的德育活动本身就属于社会实践，他们自身的理论知识、道德素养和道德能力提高的来源与德育客体一样，也只能从社会实践活动中提高。二是大学生德育系统的德育介体具有社会实践性，它们是德育主体在大学生德育实践活动过程中不断探索、总结、概括出来的，然后又被德育主体在德育实践中不断实施，不断完善加以提炼的。三是大学生德育生态系统的运行过程具有社会实践性。大学生德育生态系统的德育目标、德育任务是通过实施德育实践活动体现出来的，德育活动中的每一个环节都是实践活动。这是由德育主体从事德育活动本身的实践性和德育客体道德能力形成的实践性决定的。在大学生德育知识、理论的获取，以及道德能力和道德素养形成、发展、提高的过程中，用科学的理论指导实践，并在实践中锻炼自己、提高自己、发展自己，是对大学生各种能力产生和发展起到决定性作用的因素。由此可见，社会实践是德育客体能力形成和成长的必由之路。

2. 复杂性

大学生德育生态系统的复杂性是客观存在的。首先，大学生德育生态系统的结构是复杂的，系统内部各要素之间的关系和作用的总和构成了系统结构，系统机构是德育生态系统内部相对稳定的结合方式。此外，大学生德育生态系统与外部环境之间，系统内部各子系统之间及其与外部环境之间，系统内部各要素之间及其与外部环境之间相互联系、相互作用，正是这些相互关系，产生了大学生德育生态系统的复杂性。其次，构成大学生德育生态系统的各组成要素是复杂的。德育主体、德育客体、德育介体、德育环体是大学生德育生态系统的重要组成部分。每一个子系统都可以看作是由其内部更小的子系统组成的树状结构。如德育环境系统可分为社会环境系统和自然环境系统，社会环境系统又由文化环境系统、家庭环境系统、学校环境系统、经济环境系统、城市环境系统构成；生物环境系统和非生物环境系统又构成了自然环境系统。社会环境系统和自然环境系统构成了大学生德育生态系统的外部环境，德育客体的心理环境构成了大学生德育生态系统的内在的生态环境。

3.适应性

有多种原因和因素会影响大学生德育生态系统的发展和演化，这些因素和原因可以是改变了的行为、准则、规范，可以是系统外部指令信息的变化，如果这些因素和原因引起大学生德育生态系统结构调整，出现新的运行方式，或者是新的存在状态，那么大学生德育生态系统就发生了进化。当大学生德育系统为适应环境的变化而出现内部结构调整、新的组织运行状态和存在方式，以便更好的适应环境的变化，我们称之为大学生德育生态系统的适应性。大学生德育生态系统在运行、发展的过程中与外部环境，如社会环境、学校环境、家庭环境等发生物质运输、能量流动和信息交换活动时，会自觉调整系统，系统内部宏观系统、微观系统以及各子系统之间的关系，从而使系统各要素，如德育主体、德育客体，德育目标、德育内容、德育原则、德育方法，更好的适应外部环境的变化，不断提高组织运行能力、完善组织运行机构，更好的实现大学生德育生态系统的德育目标，切实提高大学生德育的实效性和有效性，更好的完成大学生德育生态系统的任务和使命。

4.控制性

合力就像社会力量一样，既有对事物积极的力量、正向的效应，也有对事物消极的、负向的效应。当前，我们从生态角度认识、研究大学生德育，构建大学生德育生态系统，就是突出德育主体的可控性，增强合力的可控性，充分发挥合力的积极作用，抑制其消极作用，从而使作为一种人工合力系统的大学生德育生态系统在运行、发展的过程中，就是确立德育目标、实现德育目标，提高德育效能所进行的一系列有效活动。而系统所实现的德育目标和实施的有效活动又最终反过来进一步增强了大学生德育生态系统的可控性。要加强大学生德育生态系统的控制性可以从两个方面着手。首先，可以加强对德育目标的控制。大学生德育目标不正确，德育活动便不复存在，就不能实现高职院校的教育目标。这既是大学生德育生态系统的主要任务，也是其最终目标。其次是大学生德育生态系统各子系统和内部诸要素之间的协同。大学生德育生态系统的主体包括德育主体、德育客体、德育介体、德育环体，他们之间虽然都相互联系相互作用，但联系和作用各不相同，要加强主体之间在德育目标方向上的一致性，就需要系统内各子系统和系统内部诸要素之间实现协同，切实增强大学生德育生态系统的可控性。

5.稳定性

大学生德育生态系统的另一个重要的特征就是稳定性。所谓稳定性，就是系统组织结构和运行、发展的相对稳定性，及其内部诸要素之间相对的稳定联系。大学生德育生态系统的稳定性包括静态的稳定性和动态的稳定性，如德育环体，即社会环境、学校环境和家庭环境在总体上来说是静态的稳定，这种不易受其他因素影响的，具相对稳定性的组织结构状态像"稳定器"一样，维持大学生德育生态系统的动态平衡。另外，大学生德育生态系统内各子系统及系统内部各要素之间，会由于各种情况的出现发生变化，但是在一定的时间内，系统组织结构仍然会保持相对的不变状态，体现了大学生德育生态系统的稳定性。但另一方面，在系统外部环境的变化和系统内部诸要素及各子系统的发展、运动综合作用下，对系统造成的干扰超出了系统稳定值，将会打破系统的平衡，改变系统的组织结构，不利于大学生德育生态系统的运行和发展。因此，改变大学生德育生态系统的内外部环境和系统内部诸要素运行、发展存在的状态，将会对系统结构和功能的发挥产生联动效应，并且系统可以实现自动调节。我们可以深刻把握教育规律和大学生德育规律，有目的、有意识，主动的改变系统的结构。因此，大学生德育生态系统的稳定性并不是一成不变的，而是相对的，可以主动的适应内外部环境的变化和调节自身组织结构，这种主动适应性在本质上就是其最大的稳定性。

三、大学生德育生态系统的理论基础

从学术角度对生态学理论、教育生态学理论、思想教育生态学理论、系统科学理论进行系统的梳理，将为大学生德育生态系统研究提供新的方法论。因此，在研究大学生德育生态系统之前，有必要对相关理论的基本观点进行阐述，并在此基础上构建出大学生德育生态系统的方法论体系。

（一）生态学理论

大学生德育生态系统具有系统性、整体性和有序性。不同大学生德育主体的作用不能相互代替或被取消，不同生态位的德育主体层次不能任意更换。在生态学产生、发展的实践活动中，有关专家和学者对生态学进行了大量的研究，取得了丰硕的研究成果，这对从生态学视角研究大学生德育实践活动提供了丰富的理论基础，其观点主要包含三个方面：一是生态位观。在自然界中，每种物种都有自己的生态位，有自己的生存空间和营养位置，发挥自己的功能。由于自然界中的物质、能量和信息等资源是有限的，物种与物种之间、个体与个体之间存在对资源的争夺是必然的。要保持生态系统的平衡、运行和发展，物种和物种之间、个体与个体之间的生态位要保持弹性宽度，否则，会破坏系统的平衡，甚至会使生态系统崩溃。二是生态关系观。关系观是生态学理论中十分重要的概念，物种与物种、种群与种群、个体与个体之间都存在相互影响、作用的关系，进而构成生态系统的关系网。三是平衡适应观。任何一个系统都存在物质、能量和信息的输入和输出，系统的平衡是相对的、动态发展的。通常情况下，系统都有自我修复、完善的功能，保持系统的稳定。但每个系统的平衡不是一成不变的，会随着外部环境的变化对生态系统进行重构演化出新的生态功能。因此，要发挥生态因子的优势，消除生态因子的负面影响，保持系统的平衡。

（二）教育生态学理论

教育生态学是指依据生态学原理、规律、思想和方法，研究教育活动过程中存在的问题和矛盾，及其产生的原因，有效揭示教育系统内部子系统、各要素以及与外部环境之间相的互作用关系和规律，预测教育系统发展、演化态势，并对教育生态系统进行优化。其实，大学生德育生态系统有其固有的发展、演化规律，既要考虑与外部环境的关系，还要考虑与学校科研系统、教学系统的关系。同样，大学生德育生态系统运行规律如何，如何处理它与外部环境之间的关系，怎样调节大学生德育生态系统运行状态，这就需要教育生态学理论介入。教育生态学理论主要包括两方面内容：一是教育生态的基本原理。教育生态学作为独立的学科，有其自身的发展规律、理论体系、运行法则。二是教育的生态结构功能论。在教育生态系统结构中，可从多种角度剖析教育结构。依据研究对象年龄不同，生理和心理发展阶段的不同，可以构成不同的层次结构；根据教育对象的迁入和迁出，可构成教育生态学的动态结构。同时，教育生态系统通过物质流、能量流和信息流的作用实现系统的平衡发展。

（三）思想教育生态学理论

思想教育生态学理论主要包含本体论维度、方法论维度、价值观维度等三方面的内容。

1.本体论维度

思想教育生态学的目标是要承担历史责任，由于人类对自然资源无休止的掠夺、自然生态系统受到破坏，生态危机已经对人类的生存、长远发展带来严重的挑战。因此，思想教育生态学将保护自然环境、维护生态系统平衡，促进人与自然的和谐发展作为自身的重要组成部分，通过思想教育加强学生的生态文明意识教育，构建生态文明观，促使现代生态文明观的理念内化于心、外化与行，推进人与自然共生共荣、和谐发展。

2.方法论维度

思想教育生态学必须从现实的人出发，去关注人类社会的生存环境、去解决人类生存面临的困境，才能有效开展思想政治教育活动，获得教育的实效性。人类社会来源于自然界，并一直生存在自然生态环境当中，由于生态具有系统性、动态性、整体性、平衡性等特征，因此其被赋予方法论的意义。思想教育生态学对生态的动态演进和整体协调进行研究，最终目标是实现系统各要素之间的和谐和系统自身的平衡。思想教育生态观受到各种因素的影响，既受到学校教育、家庭教育、社区教育等微观系统中各要素的干扰，又受到宏观社会系统中，社会意识、社会文化等因素的影响和经济等活动内容的限制。思想教育要把这种生态分析作为立足点，协调好教育对象所在的宏观系统和微观系统中各要素之间的相互关系，从而提高德育教育的有效性。

3. 价值论维度

思想教育生态学不仅要塑造学生的生态意识和行为，也是一种价值论的视野和价值理念的外在显现。思想教育应从其生态内涵中挖掘新的价值理念，构建其在生态学理论层面的主体框架。在其价值外化方面，用生态观来观照，彰显出思想教育的人本价值，要求思想教育实践活动要极大的关心学生，要实现学生的自由全面发展，不断提高学生认识世界和改造世界的能力。

（四）系统科学理论

大学生德育生态系统作为整体的系统，德育主体在与德育客体的互动过程中，内部子系统及各要素自主协调，并不断适应大学生德育系统演化发展的需要。因此，系统科学成为大学生德育生态系统研究的前提理论。

1. 系统整体开放观

系统科学指出，任何系统必须经历涨落，打破平衡，才有走向有序的可能，系统的开放性指系统能够与外部环境、各子系统及其诸要素进行物质、能量、信息交换的属性和能力。表现为：系统的外部环境能够为系统提供发展、演化的资源和空间，产生促进作用，也可以给予系统压力，甚至损害和阻碍系统的发展和演化，带来消极作用；同时，系统既能对环境产生积极作用，也为了自身的发展，不择手段的争夺资源、破坏环境。所以，系统和环境是互塑共生的关系。

2. 系统结构功能观

从一般意义上讲，系统是由内部各子系统、各要素形成一定的结构并由此产生一定功能的整体。系统作为整体性的存在，各子系统和诸要素之间相互关联、相互作用，形成了相对稳定的组织秩序。系统结构既包括相互制约与联系的平行部分构成的横向层次，又包括各等级构成的纵向层次。与此同时，系统内部各子系统和诸要素之间，以及与环境相互作用过程中表现出的功能是与系统的结构相对应的。系统科学指出，系统结构的性质和能力的持续性是相对的，在保持整体功能不变的基础上会产生新的变化，最终会实现系统的发展和演化。

3. 系统自行创生演化观

20 世纪 60 年代，复杂系统科学理论蓬勃发展的过程中产生了自行创生演化理念。

有关学者发现，有些系统在没有受到外界引导以及外部环境干扰的情况下，能够自行创生，实现演化，促使空间和时间上的无序变成有序。自行创生演化观是系统在不受外部环境因素的影响下，系统内部各子系统和系统内部诸要素相互作用和协调，实现和谐有序。任何系统要实现自身和谐有序，就需要自行创生演化，在系统外部和内部建立有效的信息传输系统和信息反馈系统，优化资源配置，提高资源的利用率。

系统科学打破了自然科学和社会科学的界限，跨越了不同学科的边界，指向自然和社会的统一性问题。因此，从系统科学的视角出发，将大学生德育生态系统看作系统工程，通过系统主体分析、系统客体分析、系统环体分析和系统介体分析，有效查找系统存在的问题，挖掘问题产生的原因，这对开拓大学生德育工作视角，提高大学生德育的实效性有着重要的意义。

第二节　德育教育生态的结构与功能

一、大学生德育生态系统的结构体系

有序运行和发展的大学生德育生态系统有着一定的宏观结构、微观结构，这些结构主要反映了大学生德育生态系统内部各个因素之间的关系，决定了大学生德育生态系统的性质和功能。为实现德育的目的、有效性和时效性，要求大学生德育生态系统在宏观结构、微观结构相互影响、相互作用下，实现各个因素相互协调。

（一）大学生德育生态系统的宏观结构

大学生德育生态系统的宏观结构是指大学生德育活动与其得以开展的宏观环境之间的生态系统。大学生德育生态系统的宏观环境包括社会环境、家庭环境、学校环境三个方面。大学生德育作为特定的社会实践活动的系统，是在与外部社会环境的沟通、联系，以及相互作用中存在和发展的。学校作为特殊的社会组织，有目的、有计划的向德育客体传授理论知识和价值理念，培养符合经济社会发展的优秀人才，学校的德育活动，对德育客体思想品德的形成和良好行为习惯的养成更具有引导性。学校作为一种复杂的系统，既有有组织的活动，也有自发的活动，对德育客体的影响也是复杂的，既有有利影响，也有不利影响，主要通过教学、课外实践、教风、学风、校风、班风等活动对德育客体施加影响。大学生德育的家庭环境是指影响孩子的个体成长、道德品质形成与发展的家庭因素，诸如父母之间的关系、父母和孩子之间的关系、孩子之间的关系、家庭的经济条件、父母的道德品质及行为方式和教育理念等。总的来说，健康乐观积极向上的家庭环境，有利于个体的成长发展和健康人格的形成，反之则会对个体的成长和发展起到阻碍作用。

大学生德育生态系统的宏观结构是由多种因素构成的复杂体系，从以上论述的社会环境、学校环境、家庭环境与大学生德育活动的作用关系来看，宏观结构主要有以下特点：首先，宏观结构具有系统性。大学生德育生态系统宏观结构是一个系统，宏观结构中的社会环境、学校环境、家庭环境等各个子系统对大学生德育活动产生不同的影响。宏观结构的系统性说明，在处理相关问题上要充分发挥系统整体功能的作用，树立系统观念。大学生德育活动要从系统的角度出发，正确处理社会环境、家庭环境、学校环境等各个子系统的之间的相互作用关系以及各子系统内部的结构和层次，科学有效的为大学生德育活动服务。其次，宏观结构具有宏观性。大学生德育生态系统宏观结构是客观存在的，它的客观性要求我们，必须要以实事求是、积极主动的态度认识社会环境、学校环境、家庭环境。再次，宏观结构具有主导性。这种主导性主要体现在影响德育活动的环节、制约德育职能的发挥、引导学生思想的形成和发展等方面。最后，宏观结构具有广泛性。由社会环境、学校环境、家庭环境构成的大学生德育生态系统的宏观结构，是一个广泛的、复杂的网络系统，宏观结构的要素在时间上、空间上具有动态性、没有固定的界线，而且对大学生德育活动的影响无处不在、无时不有。

在大学生德育实践活动过程中，社会环境、学校环境、家庭环境等宏观系统因素在实际中与德育主体、德育客体、德育介体共同构成了大学生德育生态系统。当社会环境、学校环境和家庭环境之间及与大学生德育活动之间发生物质、能量和信息的交换，便形成了宏观圈层的循环。当大学生德育生态系统宏观结构中的各个系统与德育活动之间保持相对等量的信息、能量以及物质输入、输出比时，便实现了大学生德育生态系统宏观结构的平衡。当宏观循环圈中任意系统出现变化，其他子系统和德育活动未进行调节，宏观循环圈便处于失衡状态。此时，只有借助大学生德育生态系统外力或者生态系统自身进行调节，重新实现宏观循环圈的新平衡。

（二）大学生德育生态系统的微观结构

大学生德育生态系统的微观结构是包括德育主体和德育客体在内的德育生态系统。大学生德育实践活动不是单向传递德育的内容、施加影响，而是德育主体和德育客体的双向互动过程。德育主体和德育客体的平衡发展是大学生德育生态系统实现平衡和有效循环的保障。

在大学生德育实践过程中，德育主体自身的理论水平、思想素质以及自身能动性的发挥，对德育的有效性和实效性产生重要的影响。大学生德育活动是双向的活动，需要德育主体和德育客体相互协调和配合，相互促进并发挥作用。因此，德育主体和德育客体的和谐互动是实现大学生德育生态系统平衡的关键。具体来说，德育主体在德育活动过程中要充分发挥自己的主观能动性，充分把握德育客体的思想动态、充分了解德育客体的个体差异，给予德育客体尊重、关心、理解，因材施教，切实提高德育的有效性和实效性。在相同的德育情景中，大学生德育主体自身思想素质、道德素质、理论水平的高低，会影响德育的效果。德育主体的威信越高、榜样越好，越有利于吸引德育客体的注意力，越有利于激发德育客体的积极性、主动性和学习热情，大大增强德育活动的正面影响力。另外，德育主体要有高度的责任心、事业心和使命感，充分认识到大学生德育工作的紧迫性和重要性，以切实提高大学生的德育能力、德育素质为己任，以培养担当民族复兴大任的时代新人为目标，促进大学生自由全面发展，帮助树立正确的世界观、人生观、价值观和道德观，才能促进大学生德育积极健康的运行。德育主体和德育客体的有效平衡，对德育活动有效性和实效性的实现起着至关重要的作用。大学生德育作为德育主客体双向互动的教育活动，对任意一方的否定都会导致生态系统的失衡，对大学生德育产生负面影响。

在大学生德育生态系统微观系统循环过程中，德育介体是联系德育主体和德育客体的纽带，大学生德育生态系统的量化标准以德育活动的效果为依据。大学生德育生态系统中德育主体和德育客体作为双向互动的循环，是相互作用、相互促进的关系，只有实现德育主体和德育客体的平衡发展，良性循环，才能保障德育生态系统微观结构得以有效循环和平衡。大学生德育生态系统的微观结构是实现大学生德育生态系统平衡发展的关键所在。因此，在宏观环境下，采取恰当的德育介体，只有德育的主体和德育客体两者相互促进、相互协调、相互发展，实现良性互动，才能确保大学生德育生态系统的良性发展。

二、大学生德育生态系统的功能

大学生德育生态系统的实践过程是一个动态过程，在实践发生的过程中才会产生功能和效果。大学生德育生态系统的功能指系统、系统内部各子系统、系统内部诸要素之间及其与外部环境之间在相互联系、相助作用的过程中，表现出的性质、能力和效果，主要包括环境适应功能、文化顺应功能、价值创造功能、理念塑造功能，通过各个功能的共同作用，大学生德育生态系统维持系统的稳定，促进系统协调高效运转，使高职院校德育教育获得均衡发展。

（一）环境适应功能

大学生德育生态系统的环境适应功能是指大学生德育生态系统、各子系统及系统内部诸要素与外部环境的互动过程中实现德育目标或德育目的的功能。大学生德育生态系统的运行和发展受到外部环境的制约和影响。大学生德育生态系统需要与外部环境进行物质传输、能量流动和信息交换，既能自我调节实现系统稳定发展，还能依据环境的变化实现系统内部各要素的重组，适应环境的变化。从而实现德育客体的个体生存功能、个体发展功能、个体享用功能的提升。

提升个体生存功能。个体生存功能是指大学生德育生态系统在运行的过程中在引导大学生遵循客观规律，改造主观世界，以更好的认识客观世界中所发挥的作用。物质世界和精神世界是人生存的两种生活方式。满足基本的生理需求是人得以生存和发展的前提和条件，并在此基础上追求更高层次的精神需要。也可以说，人的基本生理需求的解决是人追求如自尊、求知等高层次需要的基础，健康的生命是追求高层次精神需求的物质基础。因此，大学生德育不能仅停留在对人基本生理需求的尊重上，必须帮助德育客体升华思想境界，提升精神品质。帮助德育客体树立正确的世界观、人生观、价值观是大学生德育工作的基本任务，德育客体应当学习并掌握道德原则和行为规范，这些原则和规范表面上是约束德育客体的力量，但实质上这些约束客体的力量才能真正有助于德育客体在现实社会中生存下去。大学生德育是德育客体精神生活的方式，德育是德育客体进行精神生活的沟通方式，它强调与自我、与他人、与社会的对话，注重引导德育客体从内部精神角度适应客观外部世界。

提升个体发展功能。大学生德育生态系统在塑造德育客体品德、促进德育客体发展等方面起到十分重要的作用。一是引导方向。德育主体通过德育引导德育客体的行为方式和思想，通过丰富多彩和形式多样的方法提高德育客体的道德能力和道德品质。在大学生德育活动过程中，德育主体通过目标导向、舆论导向等方式方法，为德育活动营造良好的氛围，增强德育活动的导向力、加强德育活动的约束力，引导德育客体坚定正确的方向。二是规范行为。大学生德育通过向德育客体传授符合社会发展规律和社会基本行为准则的社会规范、褒扬正确的规范、贬斥错误的规范，实现对德育客体的思想和行为的约束。约束德育客体的行为是大学生德育的重要功能，大学生德育要帮助德育客体树立正确的道德观，遵循社会道德规范。三是激发精神动力。在大学生德育活动过程中，德育主体应采用形式多样的激励手段，引导德育客体发挥的自己的主观能动性，自觉参与到德育活动中。德育主体既要对德育客体进行合理的物质激励，又要进行有效的精神激励，最大限度调动德育客体的积极性。四是塑造人格。塑造德育客体健全的人格是大学生德育的重要功能。大学生德育对德育客体进行广泛深入的德育，帮助德育客体形成稳健的心理素质和高尚的精神境界；促使德育客体深刻的认识到自己改造客观世界的主体地位，了解自己承担的社会责任；帮助德育客体树立乐观向上的生活态度和百折不挠、自强不息的精神，深入挖掘自身的潜能，健全自己的人格。

提升个体享用功能。大学生德育生态系统在运行过程中帮助德育客体实现精神上的需求和愿望，使德育客体获得精神上的快乐和满足，得到精神上的享受，这体现为德育的个体享用功能。提高德育客体的思想素质，促进德育客体的全面发展是大学生德育的基本任务。德育客体思想素质的提高对个体和社会都有重要的作用。从社会角度看，它可以促进德育客体与他人、与学校、与社会之间的关系和谐发展，有利于构建和谐校园、和谐社会，促进校园稳定发展和社会稳定进步。从个体角度看，帮助德育客体满足精神需求，能促使其顺利学习、工作和生活。大学生德育的个体享用功能是客观存在的，大学生德育通过相关教育提高德育客体的思想素质，满足德育客体的精神需要。德育客体良好的思想素质是其认识世界、把握世界、改造世界的能力。从德育客体自身的角度来讲，其良好的思想素质、符合社会行为规范的行为举止，既能得到他人和社会的赞扬，更重要的是德育客体能从赞扬中获得满足和快乐。

（二）文化顺应功能

大学生德育生态系统的文化顺应功能是指德育实践教育过程中对社会文化产生的重要影响，主要包括道德文化传播、选择和创造的功能。

实现道德文化传播功能。大学生德育生态系统运行是德育主体向德育客体传授一定的道德内容、道德知识、道德观点、道德理念、道德思想，这都属于文化范畴，是社会文化的组成部分。在一定意义上讲，大学生德育生态系统发展、运行的过程就是意识思想的传播过程，其目的就是为了实现德育客体的道德社会化。德育客体通过学习道德内容、道德知识、道德思想，形成一定的道德观点、道德情感、道德信仰、道德态度及其制约下的道德行为。因此，大学生德育生态系统的文化传播过程，是互为信源、互为信宿的双向信息交流过程。

实现道德文化选择功能。大学生德育生态系统的发展、运行过程中对文化的传播，包含对道德文化、道德思想的扬弃和选择。通过这种选择和扬弃，实现对道德文化和道德思想的创新，推动经济社会发展进步。要实现大学生德育生态系统的文化选择功能，德育主体要树立正确的道德观、丰富自身的道德知识、增强道德文化和思想选择的自觉性；要批判继承传统道德文化，即要积极主动的科学分析、鉴别、筛选和利用各种道德现象和道德因素；要加强对德育客体道德文化的选择导向，不断提高德育客体鉴别道德因素和道德现象的能力，使其进行正确的道德选择。

实现道德文化创造功能。科学技术日新月异、迅猛发展，全球范围内的道德文化交流越发紧密，要培养一大批具有道德文化创新能力的人才，这正是大学生德育的重要责任和大学生德育生态系统运行的必然结果。大学生德育生态系统通过运行和发展培育具有创造精神的人才，能有力推动德育文化的创新。同时，大学生德育生态系统运行过程中进行的道德文化传播，是不断地对道德文化进行整合、创新，向德育客体进行传递，这实质上是完成道德文化创造的过程。因此，大学生德育生态系统的道德文化创造功能是客观存在的。

（三）价值创造功能

大学生德育生态系统的价值创造功能是指大学生德育生态系统调动德育客体的主观能动性，使其积极的参与到经济社会发展活动当中，为社会价值创造提供精神动力和智力支持。人的道德素质、主观能动性和责任感在生产力的发展中有举足轻重的作用。而大学生德育生态系统的运行和发展就是提高人的道德素质、主观能动性和社会责任感的工作。大学生德育生态系统成熟和发展有利于更好的提高德育客体的道德素质和主观能动性，使社会生产力得到更好的发展。由此可见，大学生德育是推动生产力发展的精神动力。另外，大学生德育生态系统为经济社会发展提供良好的社会环境、营造良好的社会氛围。要实现经济社会的良好发展，进行价值创造，人与人之间就必然建立某种联系，为了促进人与人之间的和谐和有序，除依靠法律外，还需社会道德规范。通过大学生德育生态系统对德育客体进行德育，化解人与人之间的矛盾、理顺关系，从而能为创造社会价值提供良好的社会环境。

大学生德育生态系统对德育客体的调节主要包括两个方面：①调控德育客体的情绪。人们在实际生活中遇到挫折和不顺，内心就会产生变化，会有愤恨、不满等不良情绪，如果不良情绪得不到有效的疏通，就会给个人带来思想上的困扰，影响个人的工作和生活，不利于其从事劳动生产和学习。大学生德育生态系统可以有效调节德育客体的情绪、疏通思想、化解矛盾、升华情绪，使个体获得新的心理平衡。②调控德育客体的人际关系。在实际生活中，总会因各种各样的原因，使人与人之间产生矛盾，这些矛盾必然会产生某些不利的影响，因此必须化解人与人之间产生的矛盾。大学生德育生态系统可以通过德育帮助德育客体化解矛盾、缓解冲突，构建平等团结、互助友爱的人际关系。

第三节　德育教育生态的优化思路

一、大学生德育生态系统的优化原则

（一）坚持整体性

大学生德育任务在于全面提高大学生的道德素质。德育生态系统是个整体，不允许任何割裂和孤立，它的发展是主体、客体、介体和环体之间物质、信息充分交流与互动的结果。整体性是考察事物的一种生态思维方式，坚持以整体性的原则来研究和优化大学生德育生态系统，要将大学生德育工作看作是一种大学生、德育理念、施教途径、方式方法和评价机制等各个环境要素相互影响、互动而成的整体生态系统。这种整体性优化原则主要表现在两个方面：一方面，大学生德育生态系统各个环境要素之间以互动的方式存在。在开放的环境下，各环境要素之间原本分离的状态被打破，彼此间相互联系、相互作用，整体处于一种共生共荣的状态。大学生德育的整体性，来源于客观世界的整体性，它强调将客观存在、教育对象作为一个具有一定结构性能的整体，教育规范、大学生群体、管理方式等方面相互依赖、相互制约共同构成了大学生德育生态系统这个有机统一体。另一方面，外部环境影响的整体性在增强。当今社会环境中，网络等媒介传播的信息强化作用于大学生，复杂开放的家庭环境、学校环境、社会环境、网络环境对大学生思想教育起到了整体性强化作用，同时日积月累的信息量也对大学生的认知起到了积累强化作用。

把大学生德育工作看作由各个领域、各部分相互作用形成的有机整体，这对于正确把握大学生德育工作特点、深入揭示大学生德育工作规律、针对制定大学生德育工作方法、优化提升大学生德育工作以及实现大学生教育管理的整体优化具有重大意义。加强和改进大学生德育生态系统，要将大学生道德素质的形成视为一个整体，坚持全局考虑，掌握系统优化方法，以整体性原则设计大学生德育目标、内容、方法与途径等，系统推动大学生为主体和环境为客体的自觉活动以及规则意识与道德意识的有机融合，最终实现大学生知、情、意、信、行等各方面的统一发展。德育的成果最终体现在大学生良好、稳定道德行为的养成上，这就需要我们坚持整体性的原则稳步有序推进大学生德育工作，最终达到道德素质的整体养成和德育强大合力的形成的理想目标。

坚持运用整体性原则指导优化大学生德育生态系统，是建立健全高职院校全员全程全方位育人体制的内在需求，是努力创造齐抓共管、协调配合大学生德育工作环境的客观需要，是积极实现大学生德育工作目标、内容、方法、途径相互衔接的根本要求，是切实提高大学生德育工作实效性、有效性的重要举措。大学生德育工作是一项旨在强化大学生道德认知、提高大学生道德觉悟进而实现大学生发展、提高的系统性工程，这既要管理层高度重视推动、广大教育者齐心合力、德育内容过程方法不断优化，也要充分尊重学生、关心学生、帮助学生，既要充分发挥学生机构、辅导员、心理咨询师等职能部门和专业辅助人员的作用，也要积极强化与有关部门、社会、家庭的沟通联系，在此基础上，实现大学生德育工作统筹规划、整体调度、统一部署，实现大学生德育生态系统整体性、一体化运行。

贯彻落实好整体性原则，一是充分发挥管理部门的牵头作用，实现对大学生德育生态系统构建的统一领导和组织推进；二是实现管理部门与其他部门的相互配合、支持与协作，激发主观能动性和工作创造性，大力推动大学生德育工作更好更快发展；三是优化构建健康积极向上的整体校园环境，各部门要围绕育人中心工作主动承担应有的使命和责任，实现全员育人、全程育人、全方位育人；四要搭建多渠道、相交叉、立体化的大学生德育工作体系网络，主动强化高职院校与社会、家庭等的沟通联系，及时互通信息、沟通情况、解决问题，共同做好大学生德育生态系统构建工作。

（二）突出层次性

大学生德育生态系统具有鲜明的层次性，这包括德育目标、德育对象、德育主体、德育过程等方面。大学生德育的层次性在理论上分为教学目标、教育内容、教育对象的层次性，在实践上体现为教育实施过程的层次性。德育目标的层次性是根据经济社会发展趋势和大学生思想和道德发展现状，实事求是地研究和分层次设定德育教学要达到的目标，这种层次设定分为基本层次、较高层次、最高层次。德育对象的层次性就是要把大学生分成自觉性、自律性、他律性等类别，因材施教，分类管理，突出少部分自觉性大学生群体的引领带动作用，夯实大部分自律性大学生群体的主体地位，重点关注部分他律性大学生群体，这有这样才能培养出符合教学目标要求的合格人才。德育内容的层次性是由德育目标的设定所决定的，同时也是由不同德育对象的心理特征和思想品德所决定的。德育内容层次性包括基础层次、中间层次和高级层次三个类别。基础层次教学内容包括基本社会公德、法律知识、心理健康知识的教育，中间层次包括三观、理想信念知识的教育，高级层次则包括信念、理论体系等的教育。

优化大学生德育生态系统理应坚持层次性原则，这种坚持体现在四个方面：一是层次性与整体性要协调统一，整体性是核心，层次性是基本属性，二者相互依存、相互作用、共同促进。坚持层次性与整体性协调统一的要求指导优化大学生德育生态系统，可以在德育目标、目的之间保持合理的关系，实现德育目的的整体规划和德育目标的分层设定；可以在内容选择与实施上，有效避免不良信息的袭扰；可以在方式方法上，针对不同德育对象使用不同的方法和教学方式；可以在管理方面实现协调高效，保证多样化、社会化、信息化大学生德育生态系统的有序、高效运行。二是层次性与主导性要统筹兼顾。要坚持主导性前提下的层次性，即要尊重差异、鼓励多元，避免出现教育目标单一、内容同质和方法简单的问题。要坚持层次性发展中的主导性，既要坚持主导性对层次性的制约，也要注重在多样性发展中坚持主导性的指导地位。三是层次性与连续性不能硬性割裂，连续性是层次性的基本前提和内在要求，层次性是连续性发展的必然结果和最终目的，要在德育实施过程中实现不同教育主体、受教对象、教育内容、教学办法之间的有效衔接和有序推进，突出各个层次、各个对象、各个部分的连续和沟通，实现大学生德育系统纵向衔接、层次递进、合力发展。

二、大学生德育生态系统的优化方法

大学生德育生态系统建设是一项系统工程，既要遵循德育自身规律促进德育内部要素协调平衡，也要顺应时代使德育外部环境得以整合。系统优化关键在于促进多类型、多层次、全方位生态因子深度融合，增进德育生命系统、教育体系、社会环境等相互作用、协同发展，形成利于德育的物质环境和精神环境交融的多维立体场域，推动德育生态系统适应时代要求和主体需要，向着更加高级、更多层次的方向发展，有效提升系统的社会功能和社会价值。

（一）调节德育内在关系

从实践的角度看，大学生德育生态系统是一个发展、演化的系统，大学生德育实践活动是一个动态发展的过程，这一过程既包括德育主体对德育客体进行思想道德教育，又包括德育客体接受德育，自身德育能力提升、德育理论丰富、德育行为塑造，并不断社会化的过程。从哲学的角度看，大学生德育既是社会化现象又是认识现象，需要有效处理德育主体和德育客体的关系，提高德育教育实施的能力。主体是在发挥自身主观能动性的基础上从事的有目的、有意识的认识活动和实践活动的人。客体是主体认识活动和实践活动的对象，客体的发展既表示其自身发生了变化，也体现了主体的变化。在以往的德育活动中，德育主体往往是主导者，甚至是主宰者，德育客体被认为是纯粹的知识接受者，德育客体的自主性、积极性、能动性和自身的内在需要没有得到德育主体应有的重视。随着经济社会的发展，传统的德育工作模式已不适应当前德育工作面临的新问题、新矛盾、新挑战。德育客体自我意识不断增强，更加注重自己的个人权利和选择意识。加之德育工具价值和目的性价值关系的失调，以及德育过程双向互动不足，致使德育内在关系失衡。因此，在当前复杂多变的背景下，促进德育内部诸要素的相互协调，调节德育内在关系，提高德育实施的能力，成为高职院校德育得以顺利实施的前提条件。

一是德育主体角色转换。要由原来的德育主宰者转为德育的引导者、领航员，帮助德育客体找到正确的人生目标。德育主体要从单一德育信息输出者转变为德育活动过程中的双向交流者，德育主体要与德育客体平等交往、相互学习，实现教学相长。德育主体要从单一的德育实施者、管理者，转为咨询服务者，成为德育客体在德育实践活动方面的顾问。

二是德育客体功角色转换。首先，德育客体由以往的被动接受德育信息，转为主动参与德育活动。在接受德育主体的传输信息中，在与其他德育客体的交流中要积极参与，使德育信息能够内化于心、外化与行。其次，德育决策功能。德育主体不仅要主动学习德育信息，还应根据自身的发展规律，有针对性的提出发展需要，参与德育内容、德育方法、德育原则的决策。再次，信息反补功能。当前，德育客体受约束较少，对新鲜事物的敏锐性强，加之网络新媒体的大众化，使得德育客体在获取信息方面十分迅捷，从而使德育客体能对德育主体进行"信息反补"，在一定程度上成为德育主体的老师。在大学生德育生态系统中，德育主体起着主导作用，当德育客体接受德育信息，进入自我教育阶段之后，德育客体由相对意义上的客体转为自我教育的主体。所以，德育主体与德育客体之间是相互矛盾、相互依存的。相互矛盾，既有德育主体传授的德育观念、德育规范与德育客体现有的道德思想、道德素质、道德能力之间的矛盾，又有德育主体的道德素养与德育客体期望之间的矛盾，还有德育主体的教学方式、原则同德育客体喜欢的教学方式之间的矛盾。相互依存则是德育主体与德育客体互为彼此的德育对象，相互作用构成大学生德育活动过程。

三是德育观念由工具价值转向生命价值。在德育活动中，德育主体要关注学生生命客观存在，克服模具化的教育倾向，感知德育客体生命体验的需要，启发德育客体把握、培育、塑造个人生命的社会意义。贯彻以人为本，调动德育客体"主体性"意识，增强德育客体主观能动性和生命活力。关注德育客体精神世界，重视情感与意志培养，在知识的学习中体会获得感。转变工具理性的德育目标，回归生命德育本真，实现社会性与人性、社会意义与个体意义的价值统一。

四是德育过程由单向传递转向双向互动。改变传统以"一言堂"为特征的灌输式德育方式，推行"双向互动""相互交流""顺畅沟通"的对话式教学方式，促使德育主体与德育客体生存状态由单边控制变为双边独立，促进主客体生态位由高度重叠变为合理归位，保持差异化发展状态，建立人格互相尊重、对话平等愉快、思想交流碰撞的德育教育场域。

（二）建立互惠共生的作用关系

在大学生德育实践过程中，德育主体、德育介体、德育客体三者之间相互作用、相互联系产生了不可分割的生态关系。德育介体（指开展德育活动的所有德育内容、德育原则、德育方法）对于大学生德育理念的形成、德育理论知识的丰富、德育能力和德育素养的提高，以及良好德育行为的塑造起着决定性的影响，而德育主体的能力水平，即德育主体的质量决定了德育介体的质量，只有素质强、理论水平高、教学能力突出的德育主体，才有较高的教学水平，培养出高质量的德育介体，因此，德育主体和德育介体是实现大学生德育有效性和实效性的两个关键生态因子。大学生德育生态系统中的其他一切生态因子都是围绕这一轴心关系来开展的。另外，在大学生德育生态系统中，德育主客体关系是德育活动中的核心要素，德育主体与德育客体在系统中各自占据着应有的生态位，就生态地位和价值来说是等同的。如果在德育实践活动中，仍然固守旧有的德育观念与德育方法，将导致主客体生态位重叠或错位，出现矛盾和冲突，德育系统就会失去平衡。因此，我们需要以生态思维恢复生态因子的本位，建立互惠共生的作用关系，提高德育环境的缓冲能力。

一是重视德育主体建设。德育主体是大学生德育活动的设计者、实施者，是德育活动开展和实现德育有效性、实效性最重要的生态因子。第一，德育主体的数量要得到保证，单个主体的能力是有限的，如果不能解决德育主体的数量问题，德育的质量将很难得到保证。第二，提高德育主体的教育能力和专业素质。任意德育主体的德育活动实施经验都是经历了从无到有再到成熟的发展历程，在本质上讲，这可以通过德育主体与德育客体在德育生态系统的演化过程中完成。第三，德育主体是以群体的方式进行德育活动，要重点加强德育主体队伍的建设，加强教师的培训力度、提升教师的学历层次是强化德育主体队伍建设的基础性策略。

二是重视德育介体建设。首先，要注重其质量建设。德育介体是包含德育内容、德育原则、德育方法在内的具有结构形态的大学生德育生态系统的子系统，并作用于德育活动中。因此，德育介体的有效建设，还要从教育任务、教育发展规律、人才培养规律，德育目标、德育目的出发，追求德育介体的整体优化。其次，要将经济社会发展的需要作为德育介体建设的依据。高职学生德育的质量取决于社会的认可程度，从本质上讲，德育的质量是由德育介体与经济社会发展需要的符合度来衡量的。因此，社会力量参与德育介体的建设是十分必要的。再次，在经济社会发展需求多样化的背景下，德育介体的建设总体上必须朝着通用性强、有利于促进人的自由发展的方向开展。另外，要积极丰富德育内容、拓展德育方法，扩大大学生德育活动的总量。只有充足的德育活动数量，德育客体才能依据自己的兴趣进行选择。最后，德育介体的建设要将德育主体、德育客体、德育环体等各项生态因子统一纳入到德育介体的建设当中，要将德育主体的德育活动实施能力发展、德育客体道德素养能力提高作为德育介体建设的重要组成部分。

三是平衡学生与教师的作用关系，和谐主客体生态关系。德育行为由权威转向平等，德育主体要尊重德育客体主体人格，尊重德育个体差异，尊重德育客体自然发展。激发德育客体主观能动性，德育主体以"发言人"角色主导德育活动，德育客体以"提问人"角色参与德育活动，营造知识化、人文化、人本化的教学氛围，形成教而不倦、学而不厌、教学相长的学习共同体。

四是平衡学生与生态因子作用关系。德育目标、德育内容、德育方法、德育手段等生态因子要因人而异、因时而新、因材施教；生态因子的发展和变化要满足德育客体的诉求，要因德育客体的发展需要而改变，促进德育客体形成符合社会发展的德性需要和道德境界；德育客体要主动发挥自己的主观能动性和积极性，不断丰富自己的道德理论知识，提高自己的道德素养、道德素质、道德能力；德育客体要根据自身的发展需求，对生态因子提出新的要求，实现教与学之间的"协同进化""教学相长"的互惠共生的生态关系。

五是平衡生命因子之间的作用关系。"两课"教师、辅导员、管理者和教辅人员要分工明确、各司其职，占据各自的生态位，在德育活动中发挥协同作用。教师和学生作为德育实践活动中最重要的关系，处于德育生态关系的轴心位置，其他生命因子要围绕这一轴心关系开展活动，如学校管理人员和教辅人员要为德育教师提供良好的工作条件和工作保障，营造良好的工作氛围，为德育教师的德育教学服务，恢复各生命因子的生态本位，建立互利共生关系。

（三）构建多元有机的立体环境

德育环境是大学生德育生态系统的重要构成要素，良好的德育环境是促进德育生态系统发展的重要保障。德育关涉德育客体的成长和发展，但是德育不是影响德育客体德育能力、素养和水平的唯一变量，而是与德育系统内部、外部德育环境生态因子息息相关。因此，高职院校要为德育主体的迅速成长营造良好的生态环境，提供发展的平台，促使德育主体能在国家、社会、学校期望的方向迅速完成自我演化的过程。

强化环境因子互动融合，构建多元有机的立体环境，提高德育环境的缓冲能力，需要从以下几个方面着手：一是增强自然环境因子的融合性。要科学合理的规划大学校园建设、人文景观设计，体现学校特色，增强德育客体的归属感，从而营造良好的物理环境，使其既渗透审美文化，又能传递富有教育意义的德育信息；既要发挥"德育理论课"的教学和德育客体德育工作的责任，又要充分调动其他教学、科研环境主体的育人积极性，营造良好的学习环境。二是激发人际环境因子德育互动性。充分发挥德育专业教师的主导作用，辅导员的骨干作用，其他管理服务人员的重要作用，与社会教育、家庭教育形成合力。营造合力育人、协同育人的良好氛围，增强各自育人工作的自觉性和责任感，在岗位职责内为德育客体和德育活动提供自由全面发展的良好环境。三是优化制度环境。完善德育管理制度体系，健全规范德育管理、动态评估、科学评价、适时反馈等制度，形成德育活动运行的闭环管理。健全德育主体考核评价体系，切实增强德育主体的归属感；建立德育理论课与日常德育活动一体化机制，形成完整的德育工作全过程生态链。四是优化德育文化环境。高职院校要牢固确立大学生德育在德育工作体系中的基础性地位，形成人人认可大学生德育、尊重大学生德育、关心大学生德育、支持大学生德育的氛围；激励鼓励德育主体开展德育研究，促进德育与科研的良性互动，增强德育主体在学校的学术地位；强化德育客体理论性社团建设，依托社团开展丰富多彩的德育活动，提升学生对德育理论课的获得感。

第六章　高职院校德育教育的审美化

第一节　德育教育审美化的基础理论

一、大学生德育审美化的基础理论

（一）美育

最早提出美育的概念的是德国美学家席勒，他在十八世纪末期的《美育书简》中第一次提出了"美育"的概念，认为美育是通过人们对美的形象的关照，培养对美的情感，纯洁人的心，以达到人的全面自由、和谐的发展。美育发展到今天，被不少学者界定为"情感教育"，这是一种狭义上的美育理解。从严格的意义上讲，情感只是感性的一种形式，不可能包含感性这个概念的丰富内涵，因此，还是把美育界定为感性教育更为合适，因为感性涵盖了贯通肉体与精神的广阔领域。这种理解更符合今天美育的内涵，它指向完美人格和谐健康人格的形成，包括了价值观念的塑造、人格境界的提高、精神个性的发展、趣味格调的陶冶等。

综上所述，这里的"美育"就是指有目的、有计划、有组织的用美的事物来影响和促进人的发展的教育，是通过美的事物来培养学生的审美欣赏力、审美表现力、审美创造力，同时促进他们德智体美全面和谐发展的教育。

（二）德育审美化

目前学术界对德育审美化的诠释主要包含两个维度：其一，审美是德育的手段，即美育的德育功能；其二，审美是德育的目的，即德育走向审美。审美既是手段，又是目的，德育审美化应是二者的有机统一。德育审美化并不仅仅是运用美的手段和方式对美进行感知和传达，而是要落实到受教育者的行为美中，实现由"知"向"行"的转化。要让受教育者通过审美体验，将道德理想转化为对美的追求，最后体现为道德行为的过程。审美无论作为手段还是目的，最终都是为了能够实现人的自由而全面的发展。基于此，为了更好地实现德育的目的，美育是可以作为德育的手段来提升德育的实效的。所以，审美既是手段，又是目的，二者统一于德育审美化的内涵之中。

德育审美化立足于德育和美育的关系，使教育者从美学的角度、利用美育的方法来改造德育课程，将美感融入德育的整个教学活动中，使德育教师和其他德育工作者都能用美的方法来优化德育活动，借助美育的相关知识，使德育教学过程充满形象和理性的美感，让学生们通过美的感受形成情感上的认同，从而自觉接受德育教育，真正实现真善美的有机统一，在潜移默化中加强德育的实效。其具体实践过程就是德育通过贯彻美育的自由创造精神，充分尊重个性发展的内在需要，充分调动和发挥受教育者的能动性，使学习知识、提高素质教育的过程成为一个受教育者积极主动探索和创造的过程。在此过程中，所有高职院校德育工作者为此所做的一切努力和探索都可以称之为大学生德育审美化实践。

需要强调的是，实施德育审美化，并不否认美育与德育在本质上的区别，也无意用美育去取代德育。德育审美化必须始终以大学生德育为本体、以实现德育的教学目标为前提，借助美育的手段和方法，通过融入审美情怀来实施德育，始终是为实现德育的目标而服务的，而不是简单的用美育替代德育，是在德育美育一体化的过程中更具感染力地达成德育育人目标。

二、德育审美化的理论依据

（一）美与善的统一

作为中国传统哲学范畴，"美"一直与"善"联系在一起。在传统思想中，两者又属于不同范畴，前者是艺术范畴，后者是道德范畴。因此，在传统美学理论中，美始终与道德规范联系在一起。早在先秦典籍中，就有许多"以美养善""美善合一"的说法。如《国语·楚语上》中记载的伍举的观点，他在"善"的基础上定义了"美"，把君主治国的道德伦理与审美联系在一起，认为道德上的善就是美，主张以善养美。

孔子进一步发展了这种强调美具有伦理道德价值的思想。他提出"尽善尽美"的主张，在其音乐思想中，他希望通过道德层面的"善"来引导，进而形成"尽美"的音乐，通过音乐对人的感染熏陶，使人的精神境界趋于完美和高尚。正因如此，传统艺术历来强调伦理道德的功用，强调美和善的统一。

所以，不少学者都认为，美和善在本质上具有相融互通的属性，善是美的灵魂，美能引人向善，美善是统一的。二者同属人的精神活动，共同的目的就在于引导人正确划分善与恶、美与丑，从而提高自身道德素质。

（二）德育和美育的内在联系

融合说、互补说以及工具说相关观点的提出，皆是因为德育和美育二者之间有极强的内在联系。首先，在功能方面，德育的功能在于"育德"，其目标是培养高尚的人；美育的功能在于"育美"，其目标是培养高雅的人，两者的最终目的都是为了促进人的全面发展。其次，在内容方面，美育本身就包含了德育的内容，没有德育，美育的情感感染就失去了目的和方向；而德育要想达到化入人心的效果，也不得不引入美育机制。最后，在实践方面，通过美育培养起来的审美情感，可以加快道德理论转化为道德行为的过程；而德育的成果也必须由强制化的灌输转化为人内心的情感认同之后，才会变得稳固。总之，德育与美育之间有很深的内在联系，借助美育能进一步加强德育教育水平。

（三）人的全面发展

人的全面发展的本来含义是指每一个人、全体社会成员的智力、体力在社会生产过程中尽可能多地、充分地、自由地和统一地发展，最根本的是个人劳动能力的全面发展，使人们都成为"能够通晓整个生产系统的人"，是与片面发展相对而言的，其终极价值就是实现人自由而全面的发展。在此维度而言，德育和美育都可以作为实现这一目标的手段，德育审美化的终极价值追求与人的全面发展的终极价值是相通的。

强调以人的全面发展学说作为德育审美化的哲学基础，对我们正确认识德育和美育的关系具有十分重要的意义。美育在人格塑造和人生观的形成方面，与德育有着相同的价值内涵。人的全面发展意味着人的各种潜能的全面开发，而审美作为人的各种潜能中的一个重要方面，又与道德有着密切的联系。美育的某些方法可以运用到德育的过程中，道德发展与审美发展是相互促进的关系。

三、大学生德育审美化实践

（一）大学生德育审美化实践的基本内容

一般来讲，德育的基本要素包括德育的目标、内容、方法、评价以及德育的环境等方面。所以，在大学生德育审美化的具体实践中，也应该从这几个方面展开。在具体的实践过程中，要通过审美设计，完善德育的方方面面，努力使德育的内容、方法、实践、评价以及环境等各个方面尽善尽美。在教学过程中，通过以美的语言教导学生，以美的内容感染学生，以美的行为引导学生，以美的实践锻炼学生，以美的环境熏陶学生，通过德育教学各个环节的美的刺激，激发学生的审美情趣，增加学生的学习兴趣，提高学生学习的主动性，从而使学生的身心得到全面和谐的发展，有效提升德育的效果。因此，大学生德育审美化的实践应具体包括以下五个方面的内容：

第一，在教学目标的确立上，不应该是远离受教育者的制度、规范、体制等，也不应该是主张依据社会本位去塑造社会需要的人，而应该关注受教育者本身，应该塑造真善美的自由道德人格形象，努力让受教育者达到道德自由的境界，使一切的道德行为都是发自内心的。

第二，在教学内容选择上，不仅仅要发掘教材等教学资源所固有的审美因素，而且要通过借鉴艺术美、发现社会美、挖掘校园美等不断丰富德育内容，深化德育内容美，这就要求教师要同时具备一定的美育知识的积累以及较高的审美素质。

第三，在教学方法的采用上，不能采用简单的灌输，而是应该在充分考虑调动学生积极性的情况下，利用网络以及丰富的课外活动等，采取丰富多样的教学方法，引导受教育者积极主动参与到教学过程中，使受教育者在亲身体验的过程中自觉加强自身道德意识、规范自身道德行为。

第四，在教学评价的过程中，要努力建立德育教育的互动评价机制，教育引导和激励机制等，使师生能够以审美的眼光进行欣赏和自我欣赏。

第五，在教学环境的建设中，德育工作者要构建良好的学习氛围以及美好的校园文化环境，让学生在美的熏陶中自觉接受德育教育，自觉规范自身行为。

总之，德育审美化的实践就是要将传统的教学方式转化为德育教学双方对教学过程的美好体验、欣赏和生动创造的审美过程，转化为一个双向互动的过程，使师生在一种愉悦、和谐的关系和氛围中实现德育的目标。

（二）大学生德育审美化实践的特点

1. 过程性

"德育审美化"中的"化"在这里是一个动词，表明由原来的某种状态转化或变成另一种新的状态，即由原来的非审美状态转化为审美状态，由原来的非审美关系转化为审美关系，从而使学生获得新的体验，而转化本身就是一种过程。大学生德育审美化的实践就是要将传统的教学方式转化为德育教学双方对教学过程的美好体验、欣赏和生动创造的审美过程，转化为一个双向互动的过程。在这种转化过程中，学生能够将学习到的理论知识自觉转化为自身内在的品质，并通过自身行为外化出来。因此，大学生德育审美化实践的特点之一就是过程性。

2. 情感性

在教学过程中，任何的说教、模仿或者死记硬背都不可能真正有效的开展教学活动，实现教学目的。尽管适当的指导、示范与记忆仍是十分必要的，但是学生也必须通过切身体验与领悟才能真正深入的把握。教学内容只有先打动学生，吸引学生，引起学生情感上的共鸣，然后才能教育学生。在大学生德育审美化的实践过程中，需要通过丰富多彩的教学内容和教学方法，实现寓教于乐，让学生在主动参与、切身体验的过程中不知不觉地受到教育、陶冶情感、净化心灵，从而更好的实现德育的目的。所以，情感性也是大学生德育审美化的实践的一个重要特点。

3. 趣味性

大学生德育审美化的实践过程中，要以激发学生学习兴趣、提高学生参与教学活动的积极性和主动性为重要目标，而兴趣大多时候源于对新奇事物的一种自发的探索与冲动，没有积极主动的探索和参与也就没有兴趣。德育的目的是使外在的道德规范逐渐被个体所掌握，树立起个体自觉的道德感和道德标准，因而，德育具有一定的外在规范性和强制性，在某种程度上缺少学生参与教学的主动性与积极性。而德育审美化实践过程中，总是伴随着强烈的情感体验，通过有趣生动的内容和形式使学生在教学过程中感到满足和愉悦，因而有一种趣味性。但是，强调这种趣味性并不意味着抹杀德育本身的教育价值，恰恰相反，德育所传达的那种严肃的人生价值正是通过趣味性体现出来的。

（三）大学生德育审美化实践的原则

1. 有序化和层次化

提升大学生德育效果的关键就在于实现德育审美化的有序化和层次化，在这一过程中，必须遵循"知、情、意、信、行"的和谐统一。这是因为，信念是认知、情感和意志的有机统一体，而情感是认同的前提，只有主体相信，才可能有信念确立。信念要真正确立还要有意志的参与，这些又都建立在"知"的基础上。只有形成坚定的信念，才会将其转化为"行"。因此，高职院校应该立足于大学生学习和成长的过程，从学生的性格特点、兴趣爱好出发，在有序化和层次化的德育审美化过程中，强化对道德情感的培养，努力营造适合发挥学生主动性的道德教育环境，使其能够在一种自由、自主的实践氛围中陶冶道德情感、培养道德意志，进而确立起坚定的道德信念，引导自身良好的道德行为，使大学生德育取得真正意义上的实效。

2. 内容和方法的和谐统一

大学生德育审美化只有从内容到形式都能给学生美的享受，做到以美育人、以情感人，学生才能形成自觉的道德意识，才能将社会行为的道德要求内化为个人的情感认同。知识、智慧和意志是人的心理方面的互相隔绝的领域，只有依靠情感将它们沟通，美就是沟通知与意之间的中介和桥梁。所以，在德育审美化的实践过程中要营造和谐互动的情感氛围，铸造德育内容美，通过一个个具体的感性形象引导学生感受美、欣赏美、理解美来培养其审美情感，引导其自觉辨别社会生活中的美丑善恶，自觉铸造自身良好的道德品质。美的内容还需要用适当的方式去传达，做到内容和方法的和谐统一。因此，高职院校在德育审美化活动中要尽可能多地赋予德育内容以美的形式，德育教师要在德育方式方法上尽可能提高其艺术性与欣赏性，使学生在感受事物美的基础上达到陶冶情操、净化心灵的目的，让学生主动自觉地形成一种道德认同感，进而塑造一种新的人格。

3. 德育诸要素的和谐统一

系统学相关理论认为，万物都处于系统之中，存在于系统之中。同理，德育审美化也必须有一个完备的有机整体，必须让德育的目标、内容、途径、方法、评价、环境等要素的审美化形成一个有机联系、相互统一的整体。审美化的德育目标作为开展教学活动的价值导向，是诸要素发挥作用的起点，也是最终的归宿；内容作为媒介是诸要素的依托与凭借；途径、方法作为实施体系，直接决定了学校德育审美化中诸要素发挥功能的效率和效果；环境与评价，则是学校德育审美化的保障系统。这些要素只有处在一个和谐统一的有机整体当中，相互促进，才能达到以美育德的最佳效果。所以，高职院校只有加强对德育诸要素的审美化构建，才能推动学校德育工作的有效开展。

第二节　德育教育审美化的基本方法

一、塑造教师美

教师只有不断完善自身的各个方面，才能更好地开展大学生德育审美化的实践。

（一）教师形象美的塑造

教师形象美的塑造，既是教学管理美化的重要因素，又是教师审美修养的组成部分，因此，教师本身的形象如何，对德育审美化的教学效果影响很大。对于塑造教师形象美来说，应该包括教态美、板书美、语言美等几个方面的内容。

首先，教态美是指教师在教学过程中所表现出来的仪表、表情和动作这些方面的美融合而成的一种整体的美。教师的仪表，是对学生有直接影响的一项因素。着装庄重、得体、自然、大方，在集中学生课堂注意力的同时，也有利于学生的审美发展。表情美也是构成教师教态美的一个重要因素。教师在课堂教学过程中，适时地对学生流露出希望和鼓励的目光，可以使学生情绪舒畅，从而有利于学生集中注意力，提高教学效果。师生之间的情感交流是德育审美化的一个重要目的，而教师的面部表情正是这种交流的基本表现方式。教师自然得体、富有感情的教态，不仅有助于教学内容的表达，而且能够活跃课堂气氛，有一定的感染作用，使学生在接受知识的同时，产生强烈的情感体验，获得美的感受。

其次，板书对于教师形象美的塑造也有很大的帮助，因为"字如其人"。从美学上来看，美的东西应该具有个性。自然景物之所以显得美，就是因为主体将自己的思想感情投射到景物中，从而赋予了它生命力和感情。同理，板书要具有审美价值，也必须显示出它的个性，有节奏、有韵律、有重点，结合所授内容，提高学习效率。

最后，语言美在这里主要是指教学语言的美。教学语言一方面表达教学内容的语义信息，它力求准确、简练、清楚、明白；另一方面表达特定情感的感情信息，它又表现为一定的节奏、速度、力度和感情色彩等，力求富有感染力、表现力，具有教师个人独特的风格。教学语言的美，是构成教师整体形象美的一个重要因素。没有高尚纯洁的思想品德情操，就不会有优美感人的语言；没有优美感人的语言，就会破坏教师整体形象的美。优美的教学语言较易引起学生的兴趣，并减少学生的接受难度，从而提高教学效果。教学语言幽默风趣，饱含情感，会创造一个生动有趣、自由灵活的教学环境，可以使学生心理上放松，吸引学生注意力的同时积极配合教师完成教学任务。学生可以从教师的教学语言中学到知识，受到熏陶，还可以看到一个语言美、风度美的榜样，从而对学生的思想产生潜移默化的影响，并使其审美能力得到提高和发展。

（二）教师知识美的丰富

思想理论课是大学生德育教育的基本课程。因此，当代思想理论课教师在掌握扎实的本学科知识基础上，还要涉猎其他学科知识，这是由思想理论课的课程特点与教学特点决定的，尤其是在实施大学生德育审美化的过程中，对美育及其相关知识的学习更是必不可少。因此，需不断提高思想理论课教师的专业素养和审美素质，把教师团队的建设作为其中一项重要的任务。

高职院校教师首先要注重完善自身的知识结构，广泛涉猎各方面知识，从理论素养和教学能力方面不断扩充和完善自己。学习和加强自身关于美育的相关知识，把先进的教学观念和科学的教育方法渗透到教学实践中，不仅能够在教学过程中丰富教学内容，在挖掘教学内容美的过程中吸引学生注意力，而且丰富的知识也有助于创新教学方法，在实现教学方法美的过程中提高学生的学习兴趣。这不仅有利于进一步实践大学生德育审美化，而且有利于其德育目标的实现。

其次，高职院校还要加大对教师的培训培养力度，以德育审美化的教学主题为依托，实行教学团队的项目化管理和建设，建立和完善教学团队集体备课、说课、观摩课等制度，促进德育审美化的教与研相结合。除此之外，学校还可常态举办德育审美化相关的教研论坛，努力提升教师理论水平和教学素养，并实行新老教师结对，为青年教师成长提供辅助引导，着力提升教师教学能力、教学艺术和教学水平，在进一步提高思想理论课教师专业化水平的基础上，发挥优秀教师的率先垂范作用。推选年度影响力人物、教学名师和教学能手等，将其优秀教学经验和成果加以宣传推广。此外，还可以对教师进行定期培训、邀请相关的专家进行专题讲座、鼓励教师参加各种学术交流会、论坛等。

（三）教师审美修养的提高

教师不仅是知识的传授者，也是美的传播者。因此，对于教师来说，除了要具备一定的思想修养和专业素养，还应该具备一定的审美素质，这也是德育审美化的内在要求。因为只有具有相当审美修养的教师，才能在向学生传授知识的同时，潜移默化地净化学生的心灵，陶冶学生的情感，提高学生的审美能力，使学生受到美的熏陶。反之，将不利于学生的道德发展、认知发展和审美发展。

审美修养包含了体审美心理结构的自我塑造和自我完善，它具体表现为树立高尚的审美理想，良好的审美趣味，发展敏锐的审美能力三方面。它的任务是提高个体的审美素质，塑造个体完美的审美心理结构。

审美理想作为个体审美修养的基本内容，常常体现为人们对于美的追求与憧憬，它既是指导欣赏活动的审美标准，又是指导审美创造的内在规范。所以，教师要想具有良好的审美修养，必须首先树立起高尚的审美理想。只有树立高尚的审美理想，才会对个体进行自觉的审美教育，才能不断提升自身的审美修养，才会对学生进行美的传播。其次，审美趣味指的是人们对现实生活中各种具有审美价值的事物和现象，所表现出来的一种体现个人爱好的审美倾向。教师只有具有良好的审美趣味，才不会将学生对美的鉴赏引入歧途，才能促进学生的审美发展。最后，审美能力，大体说来就是教师感受美、欣赏美、创造美的能力，缺乏这一能力会导致教学内容枯燥无味，教学方法也会显得生硬、死板，教学效果也相对较差。

所以，要想更好地促进大学生德育审美化实践的实施，提高大学生德育的实效，首先教师必须提高自身的审美修养，积极参与广泛的审美欣赏活动。大学生德育审美化是一个系统的过程，需要学校、教师和学生以及所有德育工作者都积极参与其中。所以，教师本人作为其中的一个参与者，必须在不断丰富审美经验的基础上，不断提高自身的审美素质，提升自身的审美创造力。

二、创造教学美

（一）注重德育教学的内容美

教学内容是实现教学目标的基本材料，大学生德育审美化过程中必须注重教学内容的选择和设计。由于美的事物是真善美的统一体，对美的追求本身又体现了人的主观能动性和积极的人生态度，所以，用美的事物来教育、影响学生，对于学生价值观、人生观的形成有着不可忽视的作用。

首先，高职院校可以面向全体学生适当地开设美育课程以及艺术类课程，引进相应的优质人才，完善师资的配备和教研团队的建设，建立相应的教学条件，培养学生的审美素质、提高学生的审美能力。这是因为，从个体发展的角度来说，道德状态是从审美状态发展而来的，道德修养建立在审美的基础之上。麻木和冷漠的精神状态不仅无助于道德的完善，而且往往是道德修养和道德行为的障碍。美育又称"情感教育"，审美情感具有使感性与理性协调和交融的中介功能，能够促进人与人之间的沟通和理解，使人主动积极地与他人建立起交流、同情和理解的关系。因此，面向学生开设美育课程十分必要。艺术，不仅能够使人们得到美的享受，而且能够发展人们的审美能力。因此，高职院校通过开设艺术类课程，能够在一定程度上培养学生高尚的审美理想，发展学生敏锐的审美能力，培养学生良好的审美趣味，从而促使学生从内心认同和接受正常的德育教育。

其次，德育教师还可以根据教材内容适当选取一些时事热点、典型案例、经典故事、影视与音乐等，或者将当地的风俗人情等美的内容融入德育教学的整个过程中，通过进一步吸引学生的学习兴趣、引发学生的情感认同来加强德育教学的实效。这是因为，德育通过引进美育的情感体验、形象化和愉悦性等机制，不仅可以克服道德说教的抽象和枯燥，而且可以使德育教育做到不仅仅是使人"知"，还可以使学生将道德情感内化到心灵深处。

（二）注重德育教学的方法美

教学方法是贯穿学生成长成才、教学目的、教学内容、教师素质、教学效果的链接环节，它将教学中的基本要素结合在一起，又对这些教学要素的强化和发展有着积极的促进作用，其重要性不言而喻。由于德育教育环境的日益复杂化，特别是大学生接受信息渠道的日益多样化，因此不断改革创新德育课程的教学方法，对保持德育课堂的生命力、增强德育教学的实效性十分重要。教学有课上教学和课下教学、理论教学和实践教学之分。因此，大学生德育审美化在探索其教学方法美的过程中，也应该从这两个方面去展开。

首先，从课堂教学来看，课堂教学作为教学过程中最主要的环节，其教学效果对学生的课后学习和实践学习也有重要影响。即使是相同的教学内容和教师，采用不同的教育教学方式也会产生不同的教学效果。以往的教学方式多以理论传授为主，尤其是在思想理论课等理论性较强的课程当中。美育的目的是在审美活动中，通过培养人的审美能力、陶冶人的情感、净化人的心灵，进而提高人的思想境界，其典型特征之一就是其"情感性"，因而也称"情感教育"。所以，德育审美化必须充分关注学生的情感需求。

"灵境教学法"是指通过创设一定的德育情境，使学生身临其境，受到熏陶，得到体验，触动其灵魂，影响其心灵，转变其观念的教学方法。因此，德育教师在教学过程中，可以根据教学内容采用如下几种教学方法：第一，案例教学法。这种教学方法旨在通过典型案例激发学生情感，引发学生共鸣，引导学生认同。第二，暗示教学法。这种教学方法主要是通过创造愉快轻松的教学情境，调动学生的无意识功能，使有意识和无意识结合起来，进而激发学生的情感，产生情感认同。如组织学生集中观看经典影片、纪录片、专题片等，并及时交流心得等。第三，非指导性教学法。这种教学方法可以使教师走到学生中间，与学生平等对话、交流，充分展示学生的个性和情感。除此之外，还可以采用互动教学法、讨论教学法、情景剧教学法等多种教学方法，尽最大努力在最大程度上调动学生学习的积极性，充分实现德育课堂教学过程中的教学方法美，以求进一步加强德育的实效。

德育要利用美育创新德育教学方法，推动教学方法改革，还离不开教师的积极主动参与。因此，高职院校要同时加大对教学方法改革的支持力度，引导和鼓励教师把主要精力放在研究教学内容、创新教学方法、提高教学实效上；要进一步推动教学评价改革，完善激励机制，认可教师的教学方法改革成果，努力激发教师投入教学工作的热情，提高管理人员及德育教师参与课程建设的积极性，进一步推进大学生德育审美化的研究和实践。

其次，从实践教学来看，实践教学是为了使大学生实现从"真懂""真信"到"真用"的转变过程。只有通过实践教学，引导学生将深刻的理论思维与鲜活的感性体验相结合，才能使学生在亲身体验中，将教学内容逐步转化为自己的内心需要，心悦诚服地接受并内化为自己稳定的心理品质。因此，在德育审美化过程中，必须依据美育情感性的特点，组织相应的实践活动，让学生通过审美实践在情感上产生对道德教育的认同，努力做到以美感人、以情动人。

高职院校可以围绕社会热点问题、焦点问题，结合大学生思想实际，关注大学生的情感需求，举办相应的活动，引导大学生了解和关心社会，激发大学生的参与度，提高大学生运用所学理论分析和解决问题的能力，不断提高自身的思想素质；可以建设一批相对稳定的社会实践基地和校外实训基地，组织大学生参加社会调查、志愿服务等社会实践活动，并要求学生记录实践活动的过程以及所获得的感悟，以确保实践教学的实效，让学生在切身体验过程中加强德育的实效。除此之外，学生社团也是德育教育的重要途径，作为第二课堂重要的组成部分，学生社团在一定程度上承载着并体现着高职院校的核心价值观和文化。因此，还可以充分发挥校内各种社团组织的作用，鼓励和支持相应的社团活动的开展，通过丰富多彩、形式多样的社团活动让学生们在感受美、体验美的过程中达到教育的目的。

值得注意的是，德育审美化的实践必须有相应的保障机制，否则极易流于形式，也无法取得实效。高职院校应该依据大学生德育审美化的要求，在原有基础上继续完善和明确相关实践活动的领导机制，确保实践教学的制度化、常规化；加强实践组织部门与思想理论课教学单位、学生工作部门的配合与协作，努力构建制度化、规范化、长效化的实践活动管理机制，齐心协力，最大限度保障大学生德育审美化实践活动的开展。

最后，美的教学方法还需要进行推广和合作。因此，在改革德育教学方法、创造教学方法美的过程中，主管部门还要以增强思想理论课实效性为目标，积极发挥其职责和优势，统筹区域资源，加强区域间的交流合作，发挥示范点效应，力促优秀教学成果发挥示范带头作用，推广优秀教学方法，如通过研讨、合作、调研、观摩等形式，加强交流，突破校际界限，实现德育审美化过程中教学方法改革成果的分享，促进协同创新，实现思想理论课教学质量的整体提升。

（三）建立审美化的德育考核评价

德育课程的考核评价是教学过程中的重要环节。考试不仅影响教师的教学效果，而且影响着学生的学习态度，考试对于促进教学内容、教学方法、教育管理的改进，课程结构的更新以及教育评估系统的更加有效与合理，都有着非常重要的作用。因此，大学生德育审美化必须注重考核评价方式的完善和改进。

由于考试成绩往往与学生的成绩、荣誉等挂钩，所以，合理的考核评价方式可以有效地调动大学生的学习能动性，激励他们更加积极地参加到各项教学活动当中。因此，德育审美化过程中，教师必须最大限度考虑学生的情感需求，尽量做到公平公正。但是，德育课程考试不能像其他课程一样，仅仅立足于知识和能力的考查，而要看他们站在什么样的立场上，是否能把理论转化成坚定的信念和行为。这实际上表现为内化与外化相统一的过程，即大学生接受一定的理论知识并转化为自己的思想观念和信念，这是内化的过程；把已经形成的思想观念和信念转化成为自己外在的行为，并养成相应的行为习惯，这是外化的过程。因而，单凭一份试卷的成绩往往不能考查出大学生思想认识水平提升的程度。在审美化的考核评价中，既要考查学生通过教学获得的知识技能，也要关注学生对学习过程和学习方法的体会、感悟以及在情感态度与价值观方面的变化。同时，要强调关注教师教学效果、教学技艺以及整体的课堂氛围、师生关系等，注重将针对整个教学的考查有机统一起来。

首先，大学生德育审美化要求教师必须综合运用各种考评方式，而且要侧重过程性考核和对学生学习中的形成性评价。考核的重点应从理论的掌握、知识的记忆转变为思想道德素质的提升、审美能力的提高，同时考核思考辨析能力、主动学习能力、语言表达能力、团队协作能力、独立思考能力的提升等。在过程性考核中，德育教师可以采用论文考核、研讨考核、调研报告考核、课堂参与度考核、网络考核等形式，引导学生注重在日常学习中提高自身的道德修养和思想素质，尽量避免结课考试前的临时突击和死记硬背现象。在课堂参与度考核中，教师可以根据课程内容与进度，采用辩论、答辩、发言、演讲、讨论等形式考核学生的学习状态，尽量照顾到每一位学生。作为期末考试的理论考核也可以适当增加主观性题目，使题目与当下社会热点、焦点问题相结合，尽量做到使考核结果能够全面、客观地反映大学生运用正确立场、观点、方法分析解决问题的能力和实际的思想道德品质。

其次，审美化的德育考核评价的建立，还离不开对师生发展的关注，离不开对教学活动中师生共同进步的确认。因此，其考核评价必须关注在审美化教学活动中师生共同的审美感受。无论是教师还是学生，他们的审美理解、审美表现和审美创造，都可能成为师生共同审美的素材和条件，这也是理想教学目标的具体表现。

总之，任何一种教学模式针对的都是具体的教学目标，有规定的操作要求，在一定的范围内发挥自身应有的功能，审美化教学模式也不例外，不能任意夸大其教学功能，只有完成既定任务并实现预期目标，才可以判定该教学模式的运用是有效的。因此，通过审美化的考核评价，把握审美化教学活动的进展，及时发现问题，合理判断并做出积极的应对和改进措施，在大学生德育审美化的实践过程中不断调整与改进，既可以增加教学模式的针对性，也可以提高模式运用的实际水平。

三、提升校园美

（一）打造优美的自然环境

优美的校园环境、完备的教学科研设备、齐全的活动设施，能调动学生的情绪，陶冶学生的情操，增强学生感受美、热爱美、欣赏美的能力，使学生自然而然地产生一种文明高雅、催人向上的感受，从而使德育在潜移默化中进入学生内心。

首先，打造优美的校园自然环境表现在校园的美化方面。对于校内的人文化景观建设，高职院校可以结合本校的历史和特点，挖掘学校的历史文化内涵，从教育的视角、利用美育的方法和原理，精心设计一些富有文化特征的人文景点，使之在潜移默化中转化为学生所特有的内在气质。

其次，打造优美的校园自然环境还表现在校园的绿化和净化方面。校园环境的优劣对学生的精神状态会产生很大的影响。绿化是文明的标志，校园绿化对于提高环境质量、促进身体健康等都起着重要的作用。因此，高职院校在聘请专业人员打扫之外，还可以发动全校师生利用义务劳动、公益劳动等共同参与，在美化环境的同时，让学生进一步体验到劳动的意义，加强对他们的德育教育。

总之，德育审美化要求校园的物质文化能够熏陶、暗示、感染生活在其中的每一个人，在潜移默化中给学生以美的熏陶和智慧的启迪。因此，高职院校对整个校园宏观上的布局一定要合理、协调和科学，对每一栋建筑、每一个园区、每一片绿地，都要从教育、艺术的高度，精心设计、合理配置，使之既具有使用价值，又具有审美价值，尽量做到使校内的一草一木都能对学生起到教育的作用。

（二）营造浓厚的文化氛围

优秀的大学文化本身就是一种潜在的德育因素，它以深刻而持久的潜在力量，影响着学生的思想、情感及内心世界，使其形成牢固的道德观念、崇高的思想品质和积极向上的人格精神。全方位、多层次、高质量的大学文化活动，对大学生有着强烈的吸引力和凝聚力，能起到潜移默化、寓教于乐的教育效果。除此之外，经过高品位大学文化熏陶培养出来的人，不仅自己能够自觉地与社会的各种消极、腐朽的文化现象作斗争，而且能够自觉地助力精神文明向着高格调、高品位、高境界的方向发展。因此，德育审美化也要求把德育工作植根于文化建设当中，创造良好的文化环境，使学生在浓厚的学术氛围中、在优雅的环境中、在丰富多彩的活动中进行自我教育、自我塑造，使德育进一步取得实效。

首先，营造浓厚的文化氛围首先要培育良好的校风。优良的校风具有很强的凝聚力，深刻影响着广大师生的思想和行为，还能够弘扬正气、抵制歪风邪气，对一些不良行为有一定的约束作用。

其次，要重视宣传舆论阵地的重要作用。高职院校应该结合时代特点和当下热点，以敏锐的眼光认真研究和总结，充分利用广播、校刊、报廊、校园网等宣传载体积极开展思想道德教育，宣传和繁荣校园文化。

最后，高职院校还应该开展各种校园文化活动和文艺活动。多种多样的校园文化活动和文艺活动，能够为大学生创造一个自我发挥和自我锻炼的平台，不仅能够锻炼他们的审美能力，使他们获得自我实现，还能帮助他们提升自己的文化修养和精神境界，这对推进大学生德育审美化的实践非常重要。

总之，美的校园离不开浓厚的校园文化环境。优秀的大学文化营造一定的文化氛围，使生活在其中的每一个人都受到教育和熏陶，从而实现对人的精神及心灵的美化与净化。因此，德育审美化过程中必须重视校园文化的建设。

（三）建设健康的空间环境

要建设健康的空间环境，离不开和谐美好的人际关系的建立。一个令人轻松自然、心情舒畅的人际关系环境，有利于学校成员之间的相互交流和协作，因此，德育审美化过程中也要注重美好和谐的人际关系的建立。

建设健康的空间环境还离不开制度的约束，尤其是在今天信息化的时代，网络已经覆盖以及影响到大学生生活和学习的方方面面。在给大学生带来便利的同时，网络上的一些不良信息和价值观念也影响着大学生的思想观念和行为规范。所以，必须完善各项制度，加强对网络的监督，把握正确的舆论导向，抵御不良影响，强化校园网络阵地，建设健康文明的网络文化，从而提升德育审美化过程中的针对性、实效性和主动性。

需要注意的是，在建设校园美的过程中，要按照美学原理和美的样式来建构校园环境，不仅需要相关的专业技术人才，而且需要相应的物质准备，大到各种设施建筑，小到一草一木，都要耗费一定的资金。浓厚的文化氛围的形成，也需要打造相应的文化展示平台。此外，相应的实践活动和学生社团活动的开展，如合唱比赛、知识竞赛、辩论会等，都离不开经费的保证。因此，在这一过程中，还要加大资金投入，加强管理，为校园美的建设提供物质保障，做好日常德育工作。

第七章　传统文化与高职院校德育教育的融合

第一节　融合的价值

一、有助于提高思想道德素质和文化素养

崇尚道德是我国传统文化的核心价值取向，崇德、重德、德教是几千年来的优秀传统。我国古代教育科目繁多，早在先秦时代就包括礼、乐、射、御、书、数六艺。然而，这种纯知识或技能的教育，并不是我国古代教育的终极目的。它通过对受教育者各个方面的教育与培养，意在培养德才兼备，具备理想品格之人。可见，中国传统文化对道德的崇尚与对个人德行的培养十分重视。

另一方面，自二十世纪五十年代以来，我国德育教育在七十多年的发展历程中，虽然取得了不少成绩，但其偏重理论灌输的教育模式单一枯燥，使得学生对科学理论的认识与接受大打折扣，自然使得学生树立科学的人生观与价值观也显得极为困难。

因此，将传统文化中优秀的德育思想不断融入德育教育，不仅有助于传统文化自身的发展，也有助于改变我国当前德育教育工作中过分偏重理论灌输的教育模式、受教育者消极被动等教育困境，有助于消除各种不良的价值观对学生的消极影响，有助于学生树立正确的人生观与价值观，提高学生的思想道德素质和人文文化素养。

二、有助于增强凝聚力和培养爱国主义精神

文化具有民族性，是维系民族团结和共同价值观念及生活方式的纽带。传统文化是中华民族在世世代代的生活环境中所创造出来的精神文化，是所有中华儿女的精神支柱。由于共同的文化心理，不论何时何地，我们都对传统文化有着自然而然的亲切感和认同感。

爱国主义一向是中华民族的优良传统，是中华民族生生不息的强大精神动力。继承和弘扬爱国主义优良传统，是对我们每一个公民的基本要求。

因此，在我国当前的德育教育中，加强传统文化教育，显得尤为重要。充分发掘其中的德育教育资源，有助于我们弘扬传统文化中所具有的民族精神，有助于我们增强民族文化认同感，进而有助于我们树立民族自尊心和自信心，增强民族凝聚力，有助于我们继承和弘扬爱国主义优良传统，培养爱国主义精神。

三、有助于深入挖掘德育教育资源

崇尚道德，重视道德教化，以及其注重渗透、自觉自省的教化方式，是传统文化的重要特征。传统文化的这些特征，不仅使其具有了浓郁的"以文化人"的人文精神，

而且也使其在数千年的历史积淀中，在诸多方面为我国当代的德育教育提供了丰富的教育资源。

首先，传统文化以对圣贤人格的追求作为道德教育的目标，着重培养人的道德品格和社会责任意识，引导人们向理想人格看齐，从而不断提升自己的道德水平和人生境界，进而不断接近甚至达到"止于至善"的道德理想。

其次，传统文化注重整体观念的培养，追求人与自然融为一体，倡导自强宽厚、群体至上的民族精神和国家观念，秉持和而不同的社会及人际关系，践行开放融通的创新精神，强调诚信求真的道德品质，追求高尚的理想人格与人生取向。

再次，传统文化注重言传身教。强调教育应该遵循身正为范、因材施教、循序渐进等基本原则。

最后，传统文化注重"知行合一"的道德教育方式。强调学思结合、向内自省、身体力行，追求"慎独"等基本的道德教育方法。

因此，重新审视传统文化的价值所在，努力挖掘其中与德育教育密切相关的教育资源，正是传统文化与德育教育相融合的必经之路。反过来，传统文化与德育教育的不断融合，也有助于我们以更积极的主动意识去发掘传统文化中丰富的德育教育资源。

四、有助于拓展德育教育学科的创新途径

一门学科想要有所创新发展，需要借鉴其他学科的优秀理论成果，与不同学科之间交叉渗透，以获得新的提升。可以说，不同学科的交叉融合，是学科发展成熟到一定程度后的必然要求和表现，只有以不同学科的视角来审视本学科的发展，本学科才能不断获得新的提升，这是学科发展的客观规律。而且，学科的交叉融合、不同思想理论之间的相互借鉴与相互渗透，也是促进学科发展、推进理论创新的必由之路。

作为一门明确指向"人"的学科，德育教育本身就是哲学、教育学、心理学、伦理学、政治学、逻辑学、美学等多门学科交叉渗透的学科。德育教育要有所创新发展，就必须继续加强与其他学科的交叉研究。作为一门综合性、实践性都很强的应用型学科，德育教育的根本任务是解决人的思想问题。

在我国，德育教育学科经过多年的建设发展，取得了巨大成就，为我国的社会经济建设做出了巨大贡献。然而，随着时代的发展，在当前经济全球化与信息爆炸化的背景下，多元文化不断冲击着人们的头脑，人们的思想观念、认知水平，以及价值取向等，都发生了重大变化，更加注重个体的自由发展。这些变化都使德育教育工作增加了新的难度，对德育教育工作者和德育教育学科自身的发展提出了新的要求和挑战。因此，中国传统文化与德育教育互相交叉融合，拓展了德育教育研究的新视角，亦成为德育教育创新的途径之一。

第二节 融合的原则和方式

一、坚持批判继承的原则

在探讨传统文化应该如何融入德育教育之前，我们有必要了解清楚传统文化与现代性之间的关系。对于二者的关系，有学者认为，传统文化与现代性的关系大体包括四个方面：一是契合性。比如，自强不息的进取精神，诚信为本的价值观念，可以成为现代性的内在动力。二是冲突性。比如，传统的等级观念与现代平等理念，人治习惯与法治社会，群体至上与个性发展等，都存在着矛盾和冲突。三是现代性或准现代性。比如，传统文化必须经过创造性转化，才能成为现代的思想资源。四是后现代性。在对工业文明负面效应和人文精神的弘扬方面，体现了某种后现代性，这是人类思想不断发展的反映。也就是说，在传统文化中，既存在着可以直接古为今用的德育教育资源，也存在着完全不适应当代德育教育需求的内容，还存在着必须要经过现代转化才可以发挥作用的德育教育资源。因此，我们应当基于现代转化的视角，理性分析传统文化对于当代德育教育的价值。

二、传统文化与德育教育相融合的方式

（一）将传统文化纳入德育教育范畴

我们有必要重新审视德育教育的文化功能，基于对德育教育文化环境的考量，要彻底改变我国德育教育的这种尴尬状态，促进德育教育的创新发展，必须将传统文化作为德育教育重要的资源来源，纳入德育教育范畴。在高职院校中开设传统文化课程，并揭示其现代价值等，使学生在传统文化的熏陶下，不断提高自身的思想道德素质和传统文化素养，实现德育教育的育人目标。

（二）营造良好的传统文化氛围

社会文化环境通过融合人们周围的各种教育因素，潜移默化地影响人的思想面貌和价值取向，影响德育教育的内容和方式；同时，德育教育也需要社会大环境的支持和帮助，只有整个社会认同重视传统文化，才有传统文化与德育教育相融合的基础。以高度的文化自觉和自信营造全社会重视传统文化、发展传统文化的良好氛围，是时代的要求，也是全社会的责任和义务。人们应该吸取历史的经验教训，客观地认识传统文化，批判地继承传统文化中的优秀部分，为传统文化与德育教育的融合营造良好的社会氛围。

例如，可以通过加强非物质文化遗产的保护和宣传，强化全民保护意识，培养弘扬传统文化的社会风气和良好习惯。可以通过拓展传统文化的舆论空间，展示传统文化，让人们生活在传统文化的氛围中，时时处处接受传统文化的教育，感受传统文化

的魅力。可以通过新闻媒体介绍传统文化，开展传统文化研讨活动，加大宣传力度，展示传统文化之美，形成舆论环境。可以开展以弘扬传统文化为题材的创作演出活动，让传统文化走上艺术舞台，进入影视节目和文学作品，在潜移默化中培养人们对传统文化的兴趣与爱好，让人们接受传统文化知识。只有全社会都形成了正视、重视传统文化的良好氛围，才能使其更好地融入德育教育，传统文化与德育教育的融合，就不仅是应然之态，也是实然之举。

（三）加强科研与教师队伍建设

传统文化与德育教育的融合这一研究方向，要求教师与相关研究者至少具备两方面的专业学术能力：一是必须具备深厚的传统文化功底，能够恰当运用科学的研究方法诠释传统典籍，并能够呈现古代文化思想的真实面目。二是必须对德育教育原理有深入的了解，同时，能够正确、及时地把握方针、政策与路线，坚持以正确方向作为传统文化研究的指导。然而，目前真正能同时达到这两方面要求的学者相对较少。因此，我们必须加强这一研究领域的科研与教师队伍建设。首先，可以邀请不同学科的权威专家对这一研究方向的教师与科研工作者进行有针对性的培训，增强他们对传统文化与德育教育这两个方向的综合研究能力。其次，要增加相关研究方向的科研项目和学术研讨交流机会，使其在深层次学术交流探讨中增强对两种学科知识的融合度。再次，要提高相关科研项目经费，提高相关专业教师与科研工作者的待遇，增加教师与科研工作者的专业认同度。此外，还要适当增加教学任务，使他们在教学活动中进一步提高教学能力，改进教学方法。

（四）理论研究与社会实践相结合

理论研究唯有对社会现实做出积极回应，才能获得持续发展的动力。在德育教育中，对传统文化中的德育资源的挖掘与阐释，不应当仅仅局限于概念的界定与理论体系的呈现，更为重要的是，应该能够对人们所关注的现实问题做出有效的回应，使理论研究获得开阔的视野与现实的价值。因此，关注社会现实，从实证调查入手，在寻找问题、引入问题中确定研究的切入点，不断开拓学术视野，是研究传统文化与德育教育融合的重要途径，是我们应该广泛运用的研究方法。

（五）将传统文化纳入教学计划

德育教育工作者应该以高度的文化自信和理论自觉，不断推进传统文化与德育教育的互动融合，使优秀传统文化通过创造性转化成为德育教育的不竭源泉。面对德育教育的新任务和新要求，对优秀传统文化资源的开发还需做大量艰苦细致的工作，需更进一步地对优秀传统文化进行细致梳理和深入发掘，使优秀的传统文化精华服务于高职院校德育教育。

首先，要改善德育教育原有的课程设置。课程的开设，离不开一定的学科专业要求。目前，传统文化与德育教育的融合已成为德育教育学科的重要研究方向之一。因此，传统文化的内容亦应该系统地体现在德育理论课程的设置中。在德育教育中，除了原有的德育理论课，还可增设传统文化相关的必修课程作为必要补充，不断推进传统文化与德育教育相融合，进而促进德育教育的进一步创新发展。其次，要在教材中增加传统文化内容。教材是进行德育教育教学的必要载体，因此，教师有必要在备课过程中，有意识地将优秀的传统文化内容融入教案中，使教学的内容变得更加丰富多彩。再次，要将传统文化引入德育教育的课堂教学中。教师应通过多种形式，将传统文化引入德育教育的课堂教学中，结合德育理论课的教学，围绕普及和弘扬传统文化知识，培养学生对传统文化的兴趣与爱好，为德育教育营造浓厚的传统文化氛围，提升德育教育的实效性。最后，举办传统文化相关讲座。讲座是学校进行德育教育的有益补充形式。因此，在课堂教学之外，学校可以有选择地邀请有关领域的专家、学者等走进校园，开设讲座，实现优秀传统文化传承与德育教育的"双赢"。此外，开展与传统文化相关的课外实践活动。实践是学校开展德育教育的第二课堂，也是传统文化融入德育教育的有效途径。因此，我们可以通过开展传统文化的知识竞赛等校内的实践活动，以及现场教学、参观考察、观摩体验等校外的实践活动，提高学生的传统文化素养，增强学生对传统文化的保护意识和传承责任感等。

三、德育教育与隐性教育的融合

（一）发展传统文化隐性教育的主体

教师是传统文化隐性教育的主体，教师的自身素养与德育的自觉意识对传统文化隐性教育的开展，有着重大的意义。教师只有充分认识到育人的所有责任，并加强自身修养，才能在高职德育教育中发挥应有的作用。当前，显性德育一直以来居主导地位，而隐性德育只是无意识下的偶然行为，没有受到足够的重视。有些教师甚至根本不知道这一教育方式。在当代，要充分发挥传统文化隐性德育的作用，首先，就必须培养教育者全员育人的理念，提高教育者开展隐性德育的意识。另一方面，要加强教育者自身品德的培养及传统文化的学习，从而为传统文化的隐性教育提供有力的保障。

1. 提高教师隐性育人的自觉性

一个合格的教师不能只专注于某学科的教学，更重要的是，要关注优秀文明和先进文化的传播，注重学生的成人与成才。高职院校的隐性德育与学生知识层次的提高有高度的关联性。新时期，全员育人理念的形成，首先就在于要使高职院校所有教职员工都意识到，高职的德育工作不仅是辅导员或者专职教师的责任，也是他们的责任，他们都是德育的主体。可以说，高职德育主体因素的有效利用是隐性德育功能充分发挥的主要前提。如果教师不能充分认识到自身育人的责任所在，没有隐性育人的自觉意识，就很难主动有效地利用自己工作中的德育因素，全面作用于大学生的学习环境和生活空间。对此，专职教师应该在做好自身专业教学科研的基础上，积极探索专业学科教学与德育的联系。管理者在进行管理办公的同时，也应注意管理所承载和传递的德育作用。后勤人员也应增强有关服务育人功能的思索。这样，才能真正树立起育人于一流教学、有效管理、优质服务三位一体的全员育人理念，切实营造起有利于学生成才的良好环境。可见，只有树立全员育人观，才能为传统文化隐性教育的实施创造充分的条件，才能更好地调动全体教职员工的积极性，有效地实施传统文化的隐性教育。

高职教师在树立了全员育人理念的同时，还应当树立全面的德育观念。可以发现，在新时期的高职德育中，显性教育方式与隐性教育方式的有机统一，已成为不争的事实。高职教师在注重显性教育的同时，更需要提倡和发展隐性教育，提高隐性育人的自觉性。长期以来，高职德育基本上是以德育课程为主的显性教育，而隐性教育未被充分认识，没有被有意识、有目的地加以利用，从而最终形成德育的合力。对此，在新时期的高职德育中，要求我们要摒弃过去只重视显性教育，而忽视隐性德育的观念。总之，教育者只有树立全面的德育观，充分认识到隐性教育在高职德育中的重要作用，才能有效地实施传统文化的隐性德育。

2. 注重教师身正为范的榜样性

"学高为师，身正为范"，这是对教师职业的最好阐释，也是对教师修养的基本要求。教师要重视自身的素养，因为教师的一言一行都会有形或无形地对学生产生影响，学生也总是会自觉或不自觉地从中受到熏染。因此，教师必须不断加强自身修养，内强素质，外树形象，以其正确的思想方向、高尚的道德情操、严谨的治学态度和卓尔不凡的人格魅力去感染学生，为学生树立榜样。

首先，教育者要树立言传身教的观念。高职德育工作者的表率作用，是隐性德育的一种重要因素。教师只有以身作则，以自己的模范行动做学生的表率，才能对学生产生有利影响。强调教育者的示范作用，使教育者成为大学生们学习的对象和仿效的榜样，是提高德育实效的重要因素。总之，教育者自身的思想理念、工作作风、行为举止如何，能否赢得大学生的信任和尊敬，往往从一开始就决定了道德教育的内容能否被学生认同和内化。所以，高职德育工作者必须在实践中做到言行一致、以身作则、身体力行，使自己成为学生的表率。

其次，教育者要加强文化修养。高职德育实效的提高有赖于教师、管理者和服务人员的共同努力，而其中又以教师的学术功底和人格力量对大学生的影响最为深刻。学术影响来自于相关研究领域的突出表现及重要地位，它比任何语言更具有说服力，能使教师获得学生的最大尊重。一个具有高尚师德的教师，就是一部好的教科书，能给学生带来深刻而长远的影响。总之，一个好的教师，不仅要靠自己的学术影响力，更重要的是，要靠自己人格上的感召力去影响、引导学生。

（二）开发传统文化隐性教育的载体

高职德育载体是指，在高职德育过程中联系德育主客体并承载、传递德育内容和信息的形式与手段。传统文化隐性教育的载体，也就是在德育中承载、传递传统文化内容和信息的形式与手段。其具有间接性、潜隐性和庞杂性等特点。传统文化作为高职德育的内容之一，其隐性教育资源更具有矛盾的特殊性，对高职隐性德育资源的开发与利用，是新时期提高德育实效性的一个重要方面。

1.丰富传统文化与德育教育的融合方式

第一，寓传统文化于校园文化之中，发挥校园文化的育人功能。校园文化是办学理念与精神的积淀，它包括历史传统、潮流思想、价值理念等一系列文化因素。在新形势下，校园文化因其无形的影响方式，成了高职学生所易于接受的德育载体，而它与传统文化的易融合性，也使它成了传统文化隐性教育的重要载体。

首先，培养良好的校风，形成积极的文化氛围。校风一旦形成，便具有相对的稳定性和影响的持续性。积淀得越久，无形的精神力量就会更强大，它能跨越时间与空间的局限，对师生产生持久的、潜移默化的影响，使他们的行为符合它的要求，自觉地抑制或改变师生那些不符合规范的行为和作风。教风建设是校风建设的核心。校风主要是由教师的教风和学生的学风构成的，而教师的教风处于核心地位。教师的教学素质、治学态度、教学方式，对学生无论是在专业教育还是德育教育上，都有着举足轻重的作用。因此，在新时期加强教风建设有着重要的意义。而加强教风建设，首先在于强化教师专业素养、人文素养和人格魅力等方面的发展。学风建设是校风建设的基础。学风建设在校风建设中有着不可或缺的作用，在建设学风时，应该坚持以正面引导为主，加强对学生社团的建设与管理，促进各项文化活动有序开展，同时也要开发优秀传统文化资源，塑造学校的整体形象。在新形势下，博大精深的传统文化对校园文化的建设有着重要的作用，而校园文化也是彰显优秀传统文化思想的重要方式。

其次，开展校园文化活动，践行传统文化思想。校园文化活动是传统文化隐性德育的重要载体，传统文化隐性德育的心理强化来源于校园文化活动中大学生的自身实践。这一过程的实现有赖于道德情感和道德意志的强化，校园文化活动在这一强化过程中起着重要作用。校园文化活动主要包括传统文化节日活动、科技实践活动、文体娱乐活动等。它能有效地培养大学生的道德情操。在各种校园文化活动中，大学生可以通过参与活动的过程来感受自我、认识自我，并对德育思想做出理解和升华。

最后，美化校园环境，建设特色文化校园。校园建筑乃至校园的一草一木，都可以成为传统文化隐性教育的载体。学校的总体布局体现出校园的主体精神，使具有生命灵性的人文精神转化为一种信息储存于有形的载体中，和自然风景和谐统一，那么，这样的环境会对大学生思想观念与道德品质的形成产生重要的影响。

第二，寓传统文化于网络之中，发挥网络的德育功能。网络的开放性，使信息的全球化进程加快，给新时期的高职德育工作，既带来了机遇，也带来了挑战。机遇方面，互联网的发展同时也为高职传统文化的隐性教育提供了很好的平台。传统文化内容丰富，网络的出现与发展，让传统文化找到了丰富的传承与彰显方式。另一方面，可以利用网络形式丰富多彩的特点，寓传统文化于网络之中，让学生在网络中时刻能感受到传统文化的气息。网络环境在传统文化的隐性教育中，显示出了重要的意义，对此，高职德育工作者应将网络环境建设纳入高职德育建设，以期能充分发挥其隐性育人的强大功能。

首先，学校应加快校园网络建设，优化传统文化与网页的融合。校园网络的建设首先在于加快高性能的硬件设施建设，为校园打造一个畅通与覆盖全面的校园网络环境。这是其发挥德育作用的前提和基础。传统文化的隐性教育与网络的结合，在于传统文化与网页的融合。所以，在加强硬件建设的同时，应该加强相关网页的制作，做到把传统文化自然地融合到各种网页形式中去。

其次，要借助网络载体的优势，构建新型的传统文化德育平台。这就要利用网络载体的优势，建立一批传统文化德育的专业网站，形成传统文化德育工作的网络体系。充分发挥多媒体技术的潜力，开展富有知识性、娱乐性和参与性的文化活动，使网上传统文化德育内容图文并茂，声像俱全，吸引广大学生积极参与，从而达到理想的育人效果。

最后，要规范网络行为，净化网络环境。如果网络的开放性是其最大的优势，那么，其带来的不良影响也是其最大的弊端。校内局域网应该对信息文化进行审查和监控，从而阻止不良思想理念的入侵，防止各种垃圾文化的传播，为大学生营造一个良好而健康的网络文化环境。

第三，寓传统文化于管理之中，发挥管理的育人作用。校园管理作为传统文化隐性教育的载体之一，就是指把传统文化中育人的管理理念和管理思想寓于管理活动之中，在管理的过程中，注意德育方法与管理手段的结合，从而以贴近学生生活实际和思想实际的方式，来达到育人的作用。在学校方面，目前的高职德育中，教学资源显得十分有限，德育内容的系统化必须要以学校组织管理的制度化为前提，从而使得组织管理的育人作用日益强化。在学生方面，进入大学时期的学生，他们的心理和生理还不完善，是非价值判断还不成熟，自我控制能力不强。针对学生这种特殊性，高职院校如果忽视引导管理，那学生的成长将可能出现难以预料的结果。管理载体有着广泛性和实践性的特点，相对于其他载体来说，它可以使德育与教学科研工作实现较好的结合。众所周知，管理人员在管理的过程中，会与大学生有着直接的接触，这样就有利于学校及时了解学生们的学习、生活情况，以及思想动态，采取有针对性的措施对他们进行管理引导，并可以及时反馈给教师，从而使得高职德育更贴近学生的思想实际。传统文化中有着丰富的管理理念和管理文化，在新形势下的高职隐性德育中，这些思想表现出了强大的生命力，符合时代发展的需求。

2. 增强传统文化与德育教育融合的深入性

第一，加强传统文化与德育专业课程的融合。要充分挖掘各学科教学中有关传统文化的德育因素，增强教学内容和传统文化的联系。例如，在自然科学类课程方面，要注意挖掘古代的领先科技，以及先辈们为追求真理而奋斗的动人事迹；阐释科学家们身上体现出来的科学态度和科学精神，以及他们勤于思索、敢于探索的勇气。

第二，加强传统文化与校园环境的融合。优秀传统文化在高职院校中的隐性教育，要注意与校园环境建设的融合，要让学生在校园里能处处感受到传统文化的气息。例如，在学生宿舍及教室楼道上铭刻历代先贤的华美诗篇或谆谆教海，行走在这样的楼道，或坐在这样的教室，立刻就能感受到浓浓的文化氛围。

第三，加强传统文化与校园精神的融合。传统文化是培育和凝练校园文化、校园精神的重要资源。传统文化中所蕴含的价值理念、精神态度、行为取向，在现代大学文化和精神中都有所彰显。高职院校要充分挖掘自身的宝贵资源，再结合学校发展规划，根据学校办学思想和理念，努力凝练具有时代特征和学校特色的大学文化和精神，提升学校精神境界，不断增强学校的文化底蕴。

第四，加强传统文化与网络空间的融合。校内网络环境作为传统文化思想内容的隐性载体资源，主要通过两个方面来加强融合。一方面，古典而蕴含人文精神的版面设计。网站版面可以融合传统哲理、传统图画、经典图像，这些富有传统文化思想的设计，不仅能彰显出深厚的文化底蕴，还能让学生在浏览时潜移默化地受到熏陶和感染。另一方面，通过开展形式多样、生动活泼的网络德育活动，吸引高职学生广泛参与，寓教于乐。这样，把说教性的内容，变得具体并且富有情趣，可以对高职学生产生潜移默化的影响，从而提高他们的道德文化水平，实现内容与形式的有机融合。

参考文献

［1］邓文博，吴春尚，姜庆.高职经管类专业人才培养模式的研究与实践［M］.广州：华南理工大学出版社，2017.

［2］王秀华.基于大数据分析的高职院校学生思想政治教育研究［M］.哈尔滨：哈尔滨工程大学出版社，2017.

［3］张淼.中国传统文化与高校德育的融合研究［M］.昆明：云南科技出版社，2017.

［4］陈焕随.儒家德育思想视阈下高校德育研究［M］.北京：研究出版社，2017.

［5］辛巍巍.新媒体环境下高校德育教育创新研究［M］.昆明：云南科技出版社，2017.

［6］裴苑竹.传统文化下高校生态德育发展研究［M］.昆明：云南科技出版社，2017.

［7］王燕.新时期高校德育体系的建构研究［M］.南京：江苏凤凰美术出版社，2017.

［8］张若文，王大伟，方莉.高校德育教育理论与管理实践［M］.北京：中国科学技术出版社，2017.

［9］付鑫，张亮.大学生思想政治教育［M］.成都：电子科技大学出版社，2017.

［10］陈瑛.高校新媒体建设与发展［M］.北京：九州出版社，2017.

［11］王佳丽.高校高等教育育人机制与价值研究［M］.长春：吉林出版社，2017.

［12］储祖旺.高校学生事务管理质量与评估［M］.武汉：中国地质大学出版社，2017.

［13］胡飒，奚冬梅.高校思想政治教育教学与实践研究［M］.北京：光明日报出版社，2017.

［14］杨晓阳.新媒体背景下高校思想政治教育创新研究［M］.延吉：延边大学出版社，2017.

［15］白翠红.高校德育思维方式发展研究［M］.广州：中山大学出版社，2018.

［16］桂捷.高校德育与心理健康教育研究［M］.沈阳：东北大学出版社，2018.

［17］刘丽波.新时期高校德育教育创新发展研究［M］.石家庄：河北人民出版社，2018.